ビジネスパーソン10,000人の

「失敗例」

を分析したら、

「感じよく正確に伝わるメール」の書き方

がわかった!

一般社団法人日本ビジネスメール協会 代表理事
平野友朗 TOMOAKI HIRANO

Gakken

メェー
マンガ
前書きに代えて
○○商事
さあ今日は
ここで研修だな
全然
ダメです～
こんにちは！
皆さんからメールの
相談があると
聞きましたが？
八木さん…
でしたね。
どこがむずかしい
ですか？
わからん！
取引先への
メールがうまく
書けなくて・・・
あ、
平野先生
RE:
××株式会社
総務部
△△主任
センセー
もうダメェー
まってね！
それはね
・・・
僕は平野友朗。
ビジネスメール教育の
専門家だ
メールの書き方を
お伝えしている
メェー
もうダメェー
ダメェー
ダメェー
メェー
・・・
悩んでいる人が
多い…
うーん
・・・
メェーッ

デデーン
先生〜
わあっ
メェー
どどど
どうしたの!?
八木さん!?
なんでヤギに？!!
メェー…
メールが書けなすぎて
ダメェーダメェー言ってたら
ヤギになりました…
そんなこと
あるかーい!!
で…
コホン
どんなことに
困っているの？
モシャ
モシャ
ヤギに
なじんどる…
私のメール…
文字が
ギューギューで
ウッ
読みにくいって
言われたんです

ダラダラしてて
何を書いてるか
わからないと
言われたり…
どよ〜ん
ああ…
こんなに
できないのは
自分だけ
なんだ…
敬語も
不安すぎる…
なるほど…
ヤギさん、悩みを
聞かせてくれて
ありがとう！
その悩みは
メールあるあるの
悩みなんだよ
そうなの？
1万人の失敗例を
分析したからね！
いやー匹って言うべき？
だから自分ひとりが
悩んでいるなんて
思わなくて大丈夫！
ランキング
1位
2位
3位
この本では
「感じよく正確に伝わる」
書き方をランキング形式で
紹介しているよ！

じゃあちゃんと伝わる
メールの書き方が
わかるんですね？
もちろん！
1つ1つ
解説しているよ！
たとえばどんな
アドバイスを
もらえるん
ですか…？
うーんそうだな…
さっきのお悩みで
「ダラダラ長く
なってしまう」
というのは…
具体的な
文字数
は…
ズバリ！
１文を短く
すると
いいんだよ！
ビシッ
ナルホド!!
OK!
わーっ先生！
もっと教えて
ください！
じゃあさっそく
ランキングを
見てみよう！
本文へ
GO!

「感じよく正確に伝わる」書き方

第１部　文章編

第1位	１文を短くする
第2位	先に用件を伝える
第3位	質・量ともに適切な情報を伝える
第4位	主語と述語を対応させる
第5位	レイアウトを整える
第6位	基本的な敬語で書く
第7位	ビジネスに合う言葉をつかう
第8位	チェックの優先順位をつける
第9位	箇条書きに規則性を持たせる
第10位	ローカルルールを使わない
第11位	漢字を減らす
第12位	ひらがなのルールを覚える
第13位	英数字は半角に
第14位	表記を統一する
第15位	大多数に合わせる

第２部　コミュニケーション編

第1位	答えをごまかさない
第2位	24時間以内に返信する
第3位	適切な手段を選ぶ
第4位	上手に催促する

ランキング発表！

第5位	根回しと誠意を尽くす
第6位	依頼のときは条件と幅を提示する
第7位	挨拶を場面に合わせる
第8位	相手との関係性を伝える
第9位	質問にはすべて回答する
第10位	儀礼的なラリーはしない
第11位	距離感を測る
第12位	マメに感謝を伝える
第13位	自分の言葉で伝える
第14位	記号は△ 顔文字は×
第15位	背景の説明は後に

第３部　ルール・マナー編

第1位	CCを正しく使う
第2位	転送は目的を明確に
第3位	添付ファイルは確実に送る
第4位	リスクと効率のバランスをとる
第5位	環境の違いに配慮する
第6位	署名には名刺と同程度の情報を
第7位	TOは１人だけ指定する
第8位	どこの誰かわかる送信者名に
第9位	用件がわかる件名をつける
第10位	話題に合わせて件名を変える

ビジネスパーソン10,000人の「失敗例」を分析したら、「感じよく正確に伝わるメール」の書き方がわかった！　目次

第2章 コミュニケーション編

第3章 ルール・マナー編

第4章 メール添削の実物を見てみよう

巻末資料

本文中の引用データについて
ビジネスメールにまつわる統計データは、一般社団法人日本ビジネスメール協会の「ビジネスメール実態調査 2023」に基づいています。
「ビジネスネール実態調査」の最新版は同協会のホームページ（https://businessmail.or.jp/research/）から確認できます。

本文デザイン・DTP／アスラン編集スタジオ
マンガ・イラスト／吉村堂

第1章

文章編

RANKING
第1位
第5位

1文が長い文章で
わかりづらくなる

1文を短くする

第1位は「1文を短くする」です。メール自体が長いのも褒められたものではありませんが、伝えるべき情報が多いならば仕方がない場合もあります。
でも、1文が長いのは注意すれば避けられますよね。そのわりに、ついついやってしまう人が多いんですよ。

そもそも、どうして1文が長いと失敗なんですか？

文章力という言葉には、いろんな要素があります。小説なら、その状況の映像が浮かぶような文章がよいとされるでしょう。登場人物の心情に共感できるなどもありますね。
どちらかというと“理解”よりも場面の“イメージ”を伝えることが大切なのかなと思います。

たしかに！

でも、ビジネスに必要な文章力は、小説とは違うんですよ。
ビジネスメールでよいとされる文章はどんなものでしょう？

え……わかりやすい……とか？

そうです。ビジネスメールは指示や依頼などを「短時間」で「正確」に伝える必要があります。
相手が１回、さっと読むだけで理解できることが大切です。

何度も読み返さないとわからない文章だとダメなんですね。

そうなんですよ。でも、１文が長いと文意がわかりづらくなってしまうんです。意味を取り違えるリスクも高まるし、読んでいて疲れますしね。

誤解されたまま仕事が進んでいくと、大きなミスや事故につながることもありますよね。

わかりやすさは**相手への配慮であると同時に、ミスや事故のリスクを下げることにもなるんですよ。**

ビジネスメールは、小説の名文のように文章を味わうものではありません。また、国語の問題のように、読解力を問われるものでもありません。むしろ、**小説のように読み手によって解釈が分かれるような文章はＮＧ**です。難解な論説文のように、読み手の頭を無駄に使わせるのも、もってのほかでしょう。

誰が読んでもわかりやすく、正確に伝わらなければなりません。

また、ビジネスですから「短時間」で伝わることが求められます。**つまり、１回読むだけで伝わることが大切**です。

そのために必要なのは「１文を短くする」ことです。１文を短くするコツを紹介しましょう。

接続助詞を最小限にしましょう

１文を短くする方法はいくつかありますが、**もっとも簡単で効果が大きいのは、接続助詞をなるべく使わないこと**です。

よく使われる接続助詞に「ので」と「が」があります。次のとおりです。

ので	納品したので、請求書を出す。
が	訪問したが、留守だった。 A商品も売れているが、B商品も人気だ。 先日ご相談いただいた件ですが、無事解決しました。

接続助詞は、その名前のとおり文と文をつなぐ役割を持つ助詞です。そのため、**接続助詞を使えば使うほど１文が長くなってしまいます**。

弊社は業界の最新技術情報をレポートにまとめ、
1週間分をまとめてお届けしておりますので、
お忙しい技術者の方にとって有効な情報収集ツールとなりますが、
朝礼やミーティング時の情報交換に役立てていただくケースもあります。

弊社は業界の最新技術情報をレポートにまとめ、
1週間分をまとめてお届けしております。
お忙しい技術者の方にとって有効な情報収集ツールです。
朝礼やミーティング時の情報交換に役立てていただくケースもあります。

下記の例のように逆接の「が」の場合は、句点（。）で区切り、次の文を「しかし」「しかしながら」「ところが」などに変えることができます。

新商品の広告企画は高く評価されて、
プロジェクトのメンバーも決まっていましたが、
スケジュールの都合で3ヵ月後に変更されました。

新商品の広告企画書は高く評価されて、
プロジェクトのメンバーも決まっていました。
しかし、スケジュールの都合で3ヵ月後に変更されました。

接続助詞はなるべく使わず、
代わりに句点を打つといいんですね！

余計な言葉はカットするとスッキリします

ていねいな文章を書こうとすると、敬語を過剰に使ったりついつい言葉を足してしまったりしがちです。

相手に失礼のない文章を書くのは大切です。しかし**余計な言葉が多すぎると、かえって読みづらくなってしまいます。**

そのため、1文が長くなったときには、余計な言葉がないかをチェックしてその言葉を削るとスッキリします。

新潟県長岡市**という市は**新潟県の中南部に位置し、
県内では新潟市に次いで人口が多いです。

新潟県長岡市**は**新潟県の中南部に位置し、
県内では新潟市に次いで人口が多いです。

この例文の「という」は余計な言葉の典型です。なくても伝わる言葉はカットの対象になります。

重ね言葉もカットしたほうがベターです。 1文を長くする原因になることがあります。次のような例があります。

▷あらかじめ予定する
▷一番最初
▷必ず必要
▷返信を返す

▶予定する
▶最初
▶必要
▶返信する

文章では避けたほうがスッキリする重ね言葉ですが、会話では意味を強調するためによく使われます。特に聞き漏らしてほしくないところなどは使いがちです。たとえば「過半数を超える」などは、テレビやラジオなどでも耳にするのではないでしょうか。

話し言葉では気にならなくても、書き言葉だとくどくなるので注意が必要です。

なくても意味が通る言葉を使いすぎると1文が長くなってしまうから注意ですね

1文は50文字以内にしましょう

1文が50文字を超えると読みにくく、長く感じます。**1文を50文字以下に納める**ようにします。

もちろん超えてしまうこともありますが「なるべく短く」と意識して文章にしましょう。

ちなみに、この本の1行は28文字でレイアウトされています。2行弱で50文字になります。

ここで、左ページから文の長さに注目して見返してみてください。1文が2行以内、だいたい50文字以下に納まっていることがわかると思います。

実は、メールも本書のレイアウトとほぼ同じくらいの**20～30文字程度で折り返す**と読みやすくなります（51ページ）。

そのため、20～30文字程度で折り返して、**1文が3行以上になってしまったら「長い」と判断できます。句点を打てる**

ところがないかを探す、余計な言葉を削るなどして、改善しましょう。

もちろん、20～30文字を数える必要はありません。**およそ一息で読める文字数が20文字、少し苦しいと感じるくらいが30文字です。**メールを書きながら頭の中で読んでみましょう。一息で読める文の切れ目で改行をし、２行に納めると「長くて読みづらい」という文章にはなりません。

文を書きながら、頭の中で読んでいくと
1文が長くなりづらいんですね

映画の字幕は「1行13文字で2行まで」、つまり最大26文字を目安にしているそうです。これも、一息で読める、無理なく読める文字数を意識しているんですよ。

長い商品名はカッコを使います

ビジネスメールでカットできないのが固有名詞です。たとえば商品名やサービス名など、長くてもミスを避けるために正確に表記するほうがよいものがあります。

このような場合には、**（　）「　」『　』【　】＜　＞などのカッコを使うのがおすすめです。**固有名詞だと目で見てわかりやすくなりますので、文の構造がつかみやすくなります。

ご連絡いただきましたプロモデW5.35-6forプレートの納品日は
ご希望の来月10日への変更を承りました。

ご連絡いただきました「プロモデW5.35-6forプレート」の納品日は
ご希望の来月10日への変更を承りました。

その他、適切な箇所に読点（、）を打つだけでも文の構造がわかりやすくなります。

ちょっとした工夫で、多少長い文でも
わかりやすくなりますね

Let's do it

1回読むだけで伝わるよう
1文は50文字以内にしましょう

失敗例

ダラダラ書いて
相手を疲れさせてしまう

先に用件を伝える

第２位は「先に用件を伝える」です。ダラダラ書くと、読み手に頭を使わせてしまうので、やっかいなんですよね。

「１文が長い」もある意味ダラダラですよね？

そうですね。「１文が長い」は、その１文だけのことですが、**ここで言う「ダラダラ」は、メールの全体を指しています。**
「長いわりに、何を言いたいかわからない」「本論とは関係のない余計な話が多い」といったケースが当てはまります。

なるほど。メール全体の文章のことですね。

長いメールを読んでいると「これは何の用件だろう」と悩むことがあるんですよね。
仕事でメールを送るのは、そのほとんどが「何か用があるとき」です。

何かをお願いしたいとか、相談したいとか、報告したいとか……。

そうです。それなのに、どんな用でメールを送ってきたのかがわかりづらいことがあるんですよ。

たしかに、**読んでいて何の用かわからないと、イライラしてしまいますね。**「要するに、何が言いたいんだろう？」と思ってしまうかも……。

用件がわからないとメールを読んでいて不安になるんですよね。
その、わかりづらさの原因の多くが「先に用件を伝えず、ダラダラ書いている」なんです。

だから嫌がられるのか！
平野さん、ダラダラメールにならずにすむ方法を教えてください。

わかりました。メールには欠かせないシンプルなルールをお伝えします。

メールは「1回読んだだけで意味がわかる」「時間をかけずに読める」とわかりやすくなります。ダラダラメールは、まさにこの正反対。どれが重要な情報か推測させたり、考えさせたりと、相手に頭を使わせてしまいます。

ダラダラメールを避けるポイントは大きく2つあります。1つが「はじめに用件を伝える」ことと、もう1つが「シンプルに伝える」ことです。

読み手の心の準備になります

まず用件（要旨）を伝えるのは、相手に1回読んでわかるための心構えをさせる意味で有効です。

たとえば、メール本文にまず「○○業務の内容について質問が3点あり、連絡いたしました」と用件（要旨）が書かれていたら、**読み手は頭の中で「質問が3つあるんだな」と心構えをして、その後の文章を読み進めることができます。**

用件（要旨）がわかっていれば、それ以降の文章がわかりやすくなるわけです。ダラダラした印象を避けることができます。

一方、先にこの用件（要旨）が書かれていなかったら、メールを読んでいる最中に「何の用だろう」と考えなければなりません。相談のメールとも気づかれず「報告のメールなのかな？」と誤解されたり、「何でこの質問をしているの？」と質問の意図がわからずイライラさせてしまうことすらあるでしょう。

最後まで読んでから「相談のメールか」と気づいたら、また最初に戻って相談内容を確認しなければならない可能性もあります。

この場合、質問が3つもありますから、比較的長いメールになっているでしょう。読み返すのは負担ですし、読み返しても相談内容が3つあることに気づかないかもしれません。

用件（要旨）の書き方のコツは、**メール本文の冒頭部分で、端的に伝える**ことです。**できれば1行、長くても2行以内にまとめる**と、伝わりやすくなります。

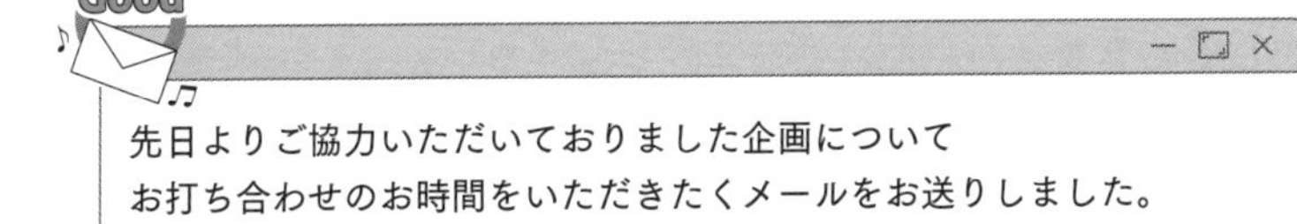

メール本文にまず用件（要旨）を書いておくと、何の用かが一目瞭然になりますね！

ビジネスでは「結論 or テーマから話せ」と言われることがよくあります。まず結論を頭に入れ、その理由や背景などを知ることで、誤解なくコミュニケーションが進められるからです。

そのため、ここで言う**「用件（要旨）」は、ほぼ「テーマ」のこと**と捉えてかまいません。

ただし、**ケースによっては「結論」から伝えることで、相手の気分を害する可能性もあります。**たとえば相手の申し入れを断らざるを得ない、相手の意見にNoを伝えなければいけないなど、否定する場面に多いです。

ご紹介いただきました「GI4040」の導入は**お断りします。**

ご紹介いただきました「GI4040」の件で**ご連絡しました。**

このような場合、Goodの文のようにとりあえず用件を伝えたうえで**「残念ながら、今回、弊社では同様の機械の導入を予定しておりません」**などと続けるとよいでしょう。誤解をされないために「Noという答えはきっちり」、しかし相手との関係を悪くしないよう「柔らかく」伝えます。

ちなみに「残念ながら」はクッション言葉です（130ページ）。クッション言葉は、相手に何かを伝える前にはさむ言葉のことで、印象を柔らかくしてくれます。使いすぎると回りくどくなるので注意が必要ですが、上手に使うことで印象よく伝えることができます。

シンプルに箇条書きで伝えましょう

日本語は、ていねいに伝えようとすると長くなりやすいという特徴があります。**気をつかいすぎると、文がダラダラとしてしまって、何が言いたいのかがわからないメールになることがある**のです。

もちろんビジネスに礼儀は必要なので、挨拶や依頼などはていねいに伝えましょう。一方、**伝達事項については箇条書きにする**ことで、シンプルに、短く伝えることができます。

次回の会議は9月8日（金）を予定しておりますが、
ご都合はいかがでしょうか。
時間はいつものとおり9時30分からです。
場所は誠に勝手ながら東京本社会議室506を予約しております。
欠席される場合は8月31日（木）までにお知らせください。

次回の会議の日程が決まりましたのでお知らせします。

■日時：9月8日（金）9時30分〜
■場所：東京本社会議室506

欠席される場合は8月31日（木）までにお知らせください。

箇条書きのよいところは、そこだけである程度の内容がつかめてしまうところです。上の２つの文章を見比べると、上のBad の文章が「読む」ものであるのに対して、下の Good は「見る」感覚で伝わるのがわかるでしょう。

箇条書きは、パッと見てそれが大切な箇所であることがわかるため、読み手の注目を集めることができます。

メールはパソコンやスマホの画面で読むものです。紙に印刷された文字を読むより、読みづらさがあることは否めません。そのため、メールでは「読み飛ばす箇所」と「きちんと読む箇所」を意図的に作る必要があります。

たとえば「いつもお世話になっております」といった挨拶文を読み飛ばされても、仕事に支障はありません。しかし「説明会の出欠をとるので返信をお願いします」という箇所を読み飛ばされると、仕事がスムーズに進まないでしょう。

この「読み飛ばす箇所」と「きちんと読む箇所」をデザインするのがコツです。**具体的には、改行で空きの行を作ったり、■【】などの記号を入れたりして、メリハリを作るのがポイント**になります。

その点、箇条書きの前後には空きの行が入ったり、見出しや項目の頭に■◎などの記号を入れたりするので、目にとまりやすくなります。これが自然と読み手の注目を集められる理由です。

見るだけで伝わると、読み手の負担を減らすことができるので、箇条書きにできる箇所は積極的に使いましょう。

箇条書きは、文章を考える手間も減らせるため、書き手にとってもメリットがあります。

書き手と読み手の両方の時間が短縮できるのはありがたいですね

ある有名人の「メールは箇条書きだけにしろ」という発言が話題になったことがありました。

たしかに忙しい人ほど、メールの通数も多くなりますから、素早く読める箇条書きのメールは都合がよいのでしょう。挨拶などを省いて効率性をとことんまで突き詰めることにも、一理はあると言えます。

ただし、一般的には箇条書きで用件だけを送りつけたら、相手は「なんて失礼な奴だ」と不快に感じる可能性が高いでしょう。単に、自分が相手にやってほしいことを突きつけるだけの形になるからです。

礼儀を欠いてよいことなどありません。

メールは「挨拶」「名乗り」などを書いたうえで、文章と箇条書きを組み合わせるのが基本です。相手を敬うことを大切に、マナーを守るようにしましょう。

もちろん、相手から「挨拶や名乗りはいらない」とリクエストされた場合は、相手のリクエストに応じたメールにします。それが相手が求める礼儀だからです。

Let's do it

先に用件を伝えて詳細は箇条書きにまとめます

情報が足りない or 多すぎ

質・量ともに適切な情報を伝える

「質・量ともに適切な情報を伝える」が第３位ですか。これはどういうことでしょう。

たとえば、私のもとには取材の依頼メールが来ることがあります。そのなかで、取材の目的、どうして取材したいのかが書かれていないことがあるんです。
どんな記事なのか、どんなことを聞きたいのかがわからないと、判断できないんですよ。
他にも、プロジェクトへの参加要請メールなのに、すでに決定した企画なのか、計画段階なのかが書かれていないケースもありますね。
判断や行動に移すために必要な情報が足りていないメールは、意外とよくあります。

足りない情報は質問して埋めていくんですか？

そうです。スムーズにいけば、1度、2度ですむやりとりが、何度も質問・回答を繰り返すことになると「この人と仕事をして大丈夫かな」と不安になります。
あまりよい状況ではないですよね。

逆に情報が多すぎるのは、どういうケースでしょうか？

多いのは、背景や経緯を書きすぎて、肝心の用件がわかりづらいケースですね。読み手には必要のない情報まで書かれていて、趣旨が伝わらないという……。
あとは、**事実なのか推測なのか読み取れない、不確かなメール**もあります。事実と意見が混在しているんです。

「つまり、どういうことなんだろう？」と疑問を持ってしまいますね。

そうなんです。少なすぎるのも、多すぎるのも、書き手が情報を整理しきれていないのが原因です。
言ってみれば、メールを書く前の準備の部分ですね。自分の中で情報が混沌としたまま書いてしまうと、相手を困らせてしまうので注意が必要です。

情報を整理する際に必要なのは「相手が判断・行動をするために必要な情報は何か」という視点です。

自分が持っている情報をすべて出すのではなく、"相手にとって"必要な情報を取り出すと、情報の過不足を防ぐことができます。

また、その情報を見やすく書くことも大切です。「事実と意見が混在」も、見やすくまとめることで避けることができます。

情報の過不足を防ぎ、見やすくまとめます

たとえば、ホームページで見つけた専門家に、自社の社内報に掲載するコンテンツの取材依頼をするとしましょう。

自分が持っているさまざまな情報を、"相手にとって"必要なものと不必要なもので分けるとしたら、以下のようになるでしょう。

（☆は本文に書く依頼の概要）

必要

- ★自社の紹介
- ★掲載する社内報の紹介
- ★企画の主旨
- 質問内容
- ★必要時間
- 原稿確認の有無
- 写真撮影の有無
- 打ち合わせの有無
- ★取材の方法（対面・オンライン）
- 取材の場所
- ★謝金の有無
- 謝金の支払方法
- 謝金の支払期限
- 社内報の掲載時期
- 見本誌の提供方法

不必要

- 社内のチェック体制
- 社内報の歴史
- 社内報の目次
- 他の記事内容
- 最新サービスの案内
- 振り込み先の確認

必要な情報が取り出せたら、見やすく箇条書きにまとめます。

ただし、このケースの場合、相手が判断するために必要な情報を絞り込みます。つまり伝える情報が多いので、すべてをメール本文に書くと長くなってしまいます。

あまり長いメール文は、それだけで見やすさを損ないます。このような場合には、**質問内容など取材の具体的な中身については別途wordなどで作成し、添付ファイルにするとよいでしょう。**情報をメール本文と添付ファイルに分けることも、情報整理の方策の一つです。

情報を添付ファイルにするかどうか迷ったら、以下の2つの視点で判断しましょう。

- 情報の量が多いなら添付ファイル
- 「印刷して持ち歩いてほしい」「社内で回覧してほしい」などの希望があれば添付ファイル

添付ファイルを送る際には、「添付ファイルを開いたほうがいい」と思わせる情報を本文にまとめるようにします。

たとえば左の「社内報の取材依頼」なら、依頼内容の概要がわかることを本文に書きます。表内の☆印が候補です。添付ファイルには、本文に書いたことも含めて、必要な情報をすべて記載しましょう。

また、たとえば確認してほしい書類やデザインなどを添付ファイルにする場合には、本文に確認の目的、期日、特に注意して見てほしい点などを書くとわかりやすくなります。

必要な情報を適切にピックアップしなきゃいけませんね！

「事実」と「意見」を分けて書きましょう

情報が整理されていないメールには「事実と意見が混在」しているものもあります。事実と意見が混在していると、相手は適切な判断ができなくなるので注意が必要です。

今回はご契約には至りませんでした。
金額面でご不満をお持ちのようです。
来週あらためて10万円ほど値引きしたお見積もりをご提案しますがよろしいでしょうか。

一見､特に問題のない文章です。「金額面で不満」だから「値引きをする」のも理にかなっています。加えて、10万円というのは、打ち合わせでお客さまから打診された金額のように感じませんか。

ただし、この文章が「事実」であるためには、以下の条件が必要です。

- 「金額面が不満」とお客さまに言われた
- 予算オーバーの金額は10万円ほどとお客さまに言われた

お客さまの言葉がない場合、書き手の意見や臆測です。不満の原因は「内容面」「納期」など「金額」以外にある可能性が否めません。お客さまの言葉ではないのに「事実」と「意見」を混同して書いていることになります。「意見」や「臆測」を混同すると、読み手はそれを「事実」や「結論」として受け取ることがあるので注意してください。

　直接的な言葉はなくても、お客さまの態度など雰囲気で「不満なのは金額面かな」と感じ取れることはあるでしょう。
　このようなときは「厳しいのはご予算面でしょうか」「ご予算からオーバーしているのはおいくらくらいでしょう」などと質問して、お客さまの意思を明確に聞き取っておくことが大切です。

　では、ある商品を問屋から仕入れる場合を考えてみましょう。その商品は別の問屋も扱っていて、今回はＡ社の卸値について上司に報告します。

A社の販売価格は8万円と安価でしたので、発注を考えております。

　サラッと読める文章ですが、８万円が「安価」か「安価でない」かは書き手の意見です。「高価」と感じる人もいるでしょう。
　では「安い」「高い」という「意見」を「事実」にするためには、どうすればよいでしょうか。
　たとえば、１万円のＴシャツが高いか安いかはその人の価値観で、個人的な意見です。しかし定価５万円のＴシャツが値引きして１万円で売られていたら「定価に比べて安価」であることは「事実」です。他にも、同じＴシャツが別の店では２万円で売られていたら、その店で売られていた１万円のＴシャツは「安価」で間違いありません。
　このように、**客観的な比較対象をもとにして「事実」とする**方法があります。

A社の販売価格は8万円と安価（B社8万2,000円、C社8万4,500円）でしたので、A社に発注を考えております。

A社の販売価格は8万円と安価でしたので、発注を考えております。
各社の卸値は添付ファイルにまとめてございます。

今回は安価なA社に発注を考えております。
各社の販売価格は以下のとおりでした。

- A社：8万円
- B社：8万2,000円
- C社：8万4,500円

書き方はさまざまですが、これなら自分の「意見」ではなく、客観的な「事実」であることが伝わります。

一方で、意見を伝えること自体は悪いことではありません。

避けたいのは「混在」であって、**きちんと「事実」「意見」を分けて伝えればよい**わけです。「ウェブ広告の予算を上げたほうが集客できる」「仕入れ先を切り替えたほうがコストが下がる」「研修期間を短くしたほうが参加率は上がる」など、仕事の場で「意見」を言うことはよいことでもあります。

次は、自社ホームページのコンテンツを増やすプロジェクトで、会議の結果を上司に報告した例です。

ホームページコンテンツ企画会議の結果をご報告します。

・更新頻度は1週間に2回（火・木）
・大型連休（GW・夏休み・冬休み）前には特集ページ制作
・外部ライターのプロジェクト参画の必要性を検討
・1～2カ月は過去の広報誌の記事から流用（相談）
・2カ月間の記事タイトルを3カ月前には決定
・Twitter連携を希望（要検討）

ホームページコンテンツ企画会議の結果をご報告します。

【決定事項】
・（企画内容）大型連休（GW・夏休み・冬休み）前には特集ページ制作
・（更新頻度）1週間に2回（火・木）
・（企画進行）2カ月間の記事タイトルを3カ月前には決定

【提案・意見】
・（企画内容）1～2カ月は過去の広報誌の記事から流用したい
・（体制）外部ライターのプロジェクト参画をお願いしたい
・（拡散）Twitterと連携したい

下のGoodのほうが、事実（決定事項）と意見（提案・意見）を分けて整理してあるので、すっきり理解しやすくなります。

Let's do it

読み手の目線で必要な情報を整理しましょう

失敗例

ねじれた文は
違和感のある日本語になる

主語と述語を対応させる

主語と述語のねじれは本当に多いミスです。しっくりこない、理解しづらい文になるので注意したいですね。

主語と述語のねじれって何ですか？

主語と述語は対応するものなんです。セットになっているとも表現できます。
主語と述語のねじれはその逆で、主語と述語が対応していないことを指して使う言葉です。日本語として不自然な文になっています。

日本語としておかしいなら、すぐに気がつくような気がしますが……。

それが、書いているときには気づかないこともあるんです。1文が長くなったときは無意識に対応しない主語と述語を使ったり、あれこれ書き直しているうちにねじれることもあります。

なるほど。ということは、**気をつけて対応させながら書くのはもちろんですが、メールの送信前の確認も大切**なんですね。

そのとおりです。
私たちは普段日本語を使っていますから、あまり文法を意識することはありません。特に主語と述語は基本中の基本ですから、かえって気を配りません。それでミスにつながりやすいんですよ。
でも、**主語と述語に注目して読み返す**と、すぐに気がつきます。日本語として不自然なのですから。

やりがちなミスではありますが、一方で防ぎやすいミスということでしょうか。

そうなんです。
主語と述語でもう一つ気をつけたいのは、主語なしの文章です。日本語は主語がなくても成り立ちます。ただ、主語を抜いたことで誤解を与えることがあるんですよ。
まずは主語と述語とは何か、から紹介しますね。

主語は「何（誰）が（は）」にあたる文節、述語は「どうする・どんなだ・何だ・ある・いる・ない」にあたる文節のことを言います。主語と述語は文の骨組みとなる要素で、**必ず対応しています**。

この主語と述語の結びつきを、主・従の関係と言います。

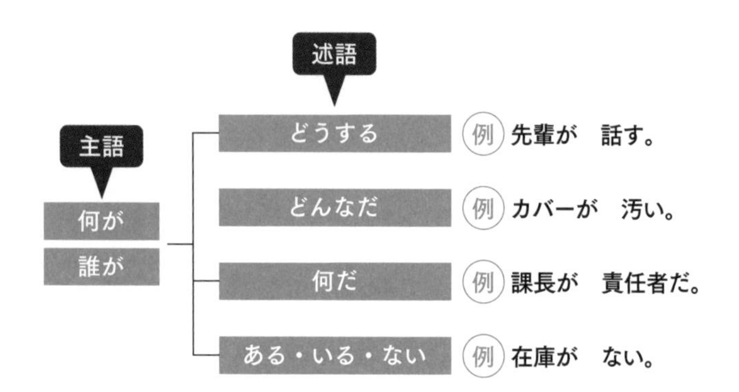

主語と述語のねじれはＮＧです

上図をみるとわかるように、本来、主語と述語はきちんと対応するものです。ところが、その**対応しているはずの**主語と述語がズレていることを「ねじれ」と言います。

主語と述語がねじれていると、意味が読み取りづらく、違和感のある文になるので注意が必要です。

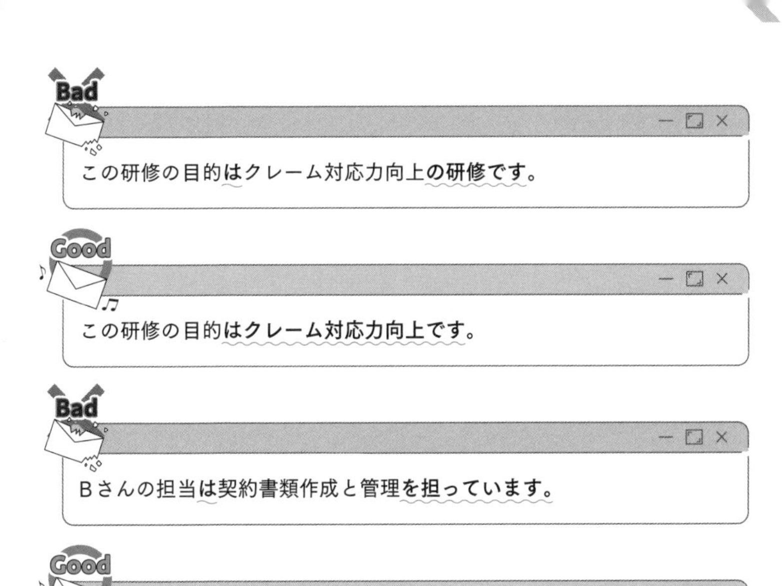

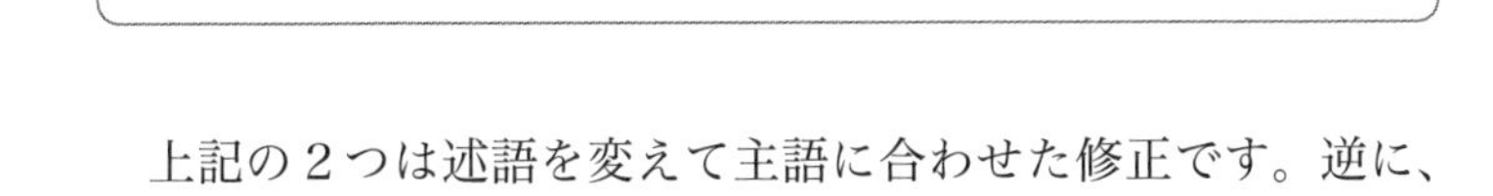

上記の２つは述語を変えて主語に合わせた修正です。逆に、述語に合わせて主語を修正する方法もあります。

この程度なら意味も読み取れますし、すぐにねじれに気がつくでしょう。メールを書き終えてサッと見直したときに気づけば、修正してから送信することができます。

問題は１文が長くなったときです。**主語と述語のねじれは、１文が長くなったときに起きやすくなります。**さらに、１文が長いとねじれに気づきづらい特徴もあります。

自分できちんと書いているつもりでも、読み手にとっては意味が読み取りづらい文になってしまいます。つまり、**主語と述語のねじれを起こさないためには、まず１文を短くする**のがポイントなのです。

１文を短くしたうえで、主語と述語がきちんと対応しているかをチェックするんですね

主語の省略には気をつけましょう

日本語の特徴に、主語を省略しても意味が通じることがあります。ところがやっかいなことに、主語がないとわからない文、誤解を与える文もあるので注意が必要です。

省略しても通じやすいものに、「私は」など自分を指す主語があります。英語で言うところのＩです。

資料は来月1日（月）に貴社に直接お持ちします。

上の文の場合、メールの送信者が資料を持って行く、という意味にとれます。メールの送信者である「私が」という主語が省略されていると考えるのが自然です。

このように、自分の意志や思考について書く場合、主語を省略しても文として成り立ちます。

資料を持って行くのが別の人、たとえば部下の佐々木さんだった場合、主語を省略するとトラブルが起きるかもしれません。メールを受け取った人は、送信者である「私」が来社するものと出迎えの準備をするかもしれないからです。

そのため、別の人が行く場合には、主語をきちんと書く必要があります。

資料は来月1日（月）に、私の部下の佐々木が貴社に直接お持ちします。

また、相手への依頼とわかる文の場合にも、省略することが多いでしょう。下の文の場合、主語は読み手である「あなたは」ですが、省略するほうが自然です。

お手数ですが、請求書をお送りください。

それ以外にも主語を省略しても「日本語として間違ってはいない」ケースはあります。しかし、特に不自然なケースをのぞいて、省略せずに書いたほうが誤解がなくてよいでしょう。

Let's do it

推敲のときに主語と述語が対応しているか確認しましょう

文字をギューギューに
詰めてしまう

レイアウトを整える

文章編でレイアウトですか？

メールはレイアウトが大切なんですよ。
パソコンやスマホ、タブレットの画面と、紙の、どちらが読みやすいと思いますか？

やっぱり紙ですよね。特に長い文章だと紙のほうが読みやすいと思います。
でも、短い文章だとあまり変わらないかなあ。

そうなんですよ。デジタルデバイスの画面は長い文章が読みづらいんです。
だから、**レイアウトに気を配って簡単そうな見た目にする**ことが、読み手への配慮になるんですよ。

たしかにギューギューのメールは読む気が起きません。

最悪の場合、読んでもらえない可能性もありますよね。ビッチリ書かれたメールは、内容が簡単でも圧迫感があって「なんだかむずかしそう」と敬遠されてしまいます。読む前にウンザリさせるのは印象が悪いですから。

まずは読んでもらうために、レイアウトが大切ということですね。

メールは「読む」というより「見る」に近いツールなんですよ。

そういえば「手紙を見る」とは言いませんが「メールを見る」はよく使いますよね。

はい。メールは熟読するのではなく、パッと見て内容を把握するものだから、そのためのレイアウトが求められます。

読みやすい、簡単そうなレイアウトとはどういうものなのでしょうか。

短い文章の固まりを作ることですね。具体的な方策を紹介しましょう。

パソコン、スマホ、タブレットなど、相手がどれでメールを見るかはわかりませんが、いずれにしても長い文章を読むのに適したツールではありません。

そのため、できるだけ文章を意味ごとに小さな固まりにして、情報を小分けのように見せることがポイントとなります。

適度に改行して空白行を作りましょう

メール本文は、適度に改行して空白行を作り、画面にスペースを増やすと、見やすいレイアウトになります。**空白行の目安は５行以内で１行程度**です。

空白行は文章の流れ、意味の切れ目を意識して使うとよいでしょう。人の目は固まりで認識する特徴があるので、情報のまとまりをつかみやすいと感じ、読みやすくなります。

学アイ商事株式会社
企画営業部
立石悠岐様

いつもお世話になっております。
研コミュの鹿子です。
先日のお打ち合わせ時に話題になった過去事例について調べました。
2010年以降のサンプルが本社に残っているようです。さっそく取り寄せるよう手配をしましたので、次回の打ち合わせ9月5日（火）に現物をお持ちします。一部、色が薄くなっているなど不具合がございますが、販促企画のヒントにするには十分な資料です。併せて当時の企画書もお持ちします。どうぞよろしくお願いします。

Good

学アイ商事株式会社
企画営業部
立石悠岐様

いつもお世話になっております。
研コミュの鹿子です。

先日のお打ち合わせ時に話題になった過去事例について調べました。
2010年以降のサンプルが本社に残っているようです。

さっそく取り寄せるよう手配をしましたので、
次回の打ち合わせ9月5日（火）に現物をお持ちします。
一部、色が薄くなっているなど不具合がございますが、
販促企画のヒントにするには十分な資料です。
併せて当時の企画書もお持ちします。

どうぞよろしくお願いします。

1行を30文字以内で改行して、適度に空白行を入れただけで、同じ内容でも読みやすくなります。

1行を20〜30文字程度にする、という基準は、パソコンの画面を意識したものです。

ところが最近は、ビジネスメールをスマホやタブレットで読む人が増えましたし、その人の設定によって、必ずしも30文字以内が見やすい表示とは限らない、という問題もあります。

とはいえ、相手が何のデバイスを使っていて、どういう設定をしているかはわかりません。改行は、現在でも20〜30文字がもっとも標準的です。

小さな固まりにするためには、箇条書きも有効な方法です。**箇条書きの前後には空白行を入れると、目に付きやすく、見やすくなります。**

レイアウトというとセンスが必要な感じがしますが、そうではありません。意味のまとまりを作るだけで、ストレスなく読めるメールになります。

ほんのちょっとしたことで激変しました！

記号や罫線を上手に使いましょう

メール本文が長文なのは好まれませんが、伝達事項が多く、どうしても長くなってしまうことはあります。

このような場合には、記号や罫線を使って、視覚的に区切りを作りましょう。レイアウトにメリハリがついて見やすくなります。箇条書きの際には頭に■●◎などの記号を入れると目立ちます。

また、**話の区切りごとに見出しを立てて記号や罫線と合わせるとさらにわかりやすくなります。**テキスト形式で書かれたメールマガジンのレイアウトを参考にするとよいです。

Good

実店舗で流す使い方動画制作の絵コンテについて
修正案（バージョン4）を添付します。

■添付ファイル：使い方動画制作絵コンテver4.pdf

以下は申し送り事項です。
併せてご確認ください。

◎お見積もりについて

3日にご提出したお見積もりはバージョン5までが対象です。
さらに修正が発生する場合は別料金となりますのでご留意ください。

◎登場人物のキャラクターについて

キャラについても添付のpdf内でご提案しております。
3つの中からご選択ください。

◎スケジュールについて

1月17日（火）絵コンテの修正箇所をいただく
1月23日（月）バージョン5（最終版）を弊社より提出する
1月30日（月）バージョン5（最終版）のご返答をいただく
2月6日（月）デモ版を弊社より提出する

どうぞよろしくお願いします。

Let's do it

5行を目安に空白行を作りましょう

メールの「型」をマスターしよう

わかりやすいメールには型があります。
型を守ってまとめるだけで
伝わりやすいメールになりますし、
書くのも速くなります。
完璧に覚えるまでは、右ページの型を見ながら❶〜❼のとおりに書いてみましょう。
すぐに慣れるはずです。

メールの内容を伝えるためだけなら、④要旨と⑤詳細だけでもよいのですが、それではあまりにも礼儀を欠いています。

❹❺以外の要素は、周りの人と気持ちよく付き合うためのものです。基本的には、❶〜❼の要素をそろえるようにします。

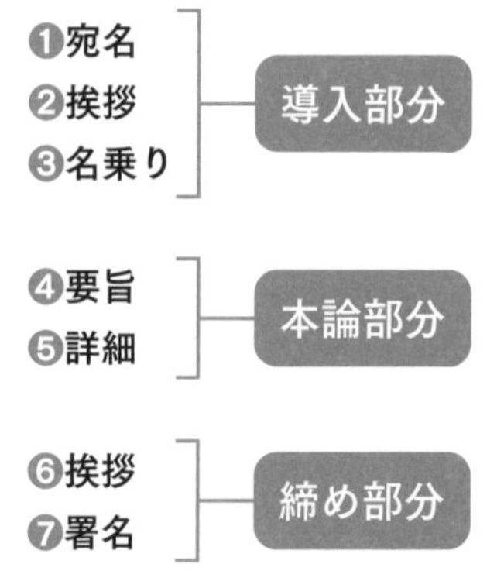

学アイ商事株式会社
立石悠岐様
（CC：堺恭兵様）

❶宛名

お世話になっております。

❷挨拶

研コミュの鹿子です。

❸名乗り

先ほどはお電話でご注文くださいまして誠にありがとうございます。
以下の内容で承りましたのでご確認をお願いいたします。

❹要旨

■商品名：BCLUEシリーズ03
■数量：5
■お支払い方法：銀行お振り込み
■請求額：4万5,000円
■請求書：納品時に同封

＜配送先＞
〒***-**** 東京都○○区○○町1-2-3
学アイ商事株式会社
企画営業部
立石悠岐様
電話番号03-****-****

❺詳細

ご不明点などございましたら、お気軽にご連絡ください。

どうぞよろしくお願いします。

❻挨拶（結び）

研コミュ株式会社
営業部　鹿子 鹿男
〒***-**** 東京都○○区○○4-5-6
TEL：03-****-****
http://www.example.com
shikako@example.com

---

❼署名

電話でも、対面でも「お世話になっております」「ご無沙汰しております」など、必ず挨拶をするはずです。

電話をかけたり、相手の会社を訪問したときには「○○社の○○です」と名乗りますし、別れ際には「ありがとうございました」「またどうぞよろしくお願いします」など挨拶をするでしょう。

メールもまったく同じと考えれば、これらの要素の必要性を理解できるはずです。

❶〜❼の型どおりに書くのは、最初は戸惑いもあるかもしれません。暗記するのが面倒と感じる人もいるかもしれませんが、まずは型をそのまま踏襲してみましょう。

暗記というより、慣れの問題で、2〜3週間で型を自然と守った書き方ができるようになります。

型をマスターすると、型に従って書くほうが速くなります。書き方に迷わなくなるからです。

その意味で、メールの型は、読み手にとってはわかりやすく、書き手にとってはスピードアップできる方法と言えます。

RANKING
第6位
第10位

敬語の間違いで
不快感を与えてしまう

基本的な敬語で書く

敬語はむずかしいですよね。
自分も自信ないです。

敬語に悩む人は多いですよ。

そうなんですね！　ちょっとホッとします。
間違って相手を怒らせるのが心配なんですよ。

誤解を恐れずに言えば、私は多少の間違いは許容されると思うんです。

え？　このランキングは敬語の間違いに怒っている人が多いということですよね？

相手を不快にしているのは、たいていが基本を身

につけていない人なんですよ。
このランキングは、それだけ基本を身につけていない人が多いという表れですね。

たしかに相手が不快に思う間違いと、そこまで不快感を与えない間違いがあるような気がします。

敬語の基本がきちんとしていたら、仮に細かいミスをしても、相手はちょっとしたことと受け止めてくれるのではないでしょうか。そう失礼にはならないし、致命的な不快感を与えることはないと思うんですよね。

逆に言うと、基本だけおさえておけばよいのですね。

そのとおりです。**敬語の基本はきっちり身につけておきましょう。**明らかな間違いも使い方を正す必要があります。

明らかな間違いはどんなものでしょう?

何となく聞いたことのある敬語を使ってみたけれど、意味が間違っていたり、尊敬語と謙譲語を反対にしていたりするパターンですね。

では、さっそく基本を教えてください。

そもそも敬語は、相手に対する敬意を表す言葉です。仕事は立場がどうであれ相手に対して敬意を示すべきですから、敬語で書きます。

敬語は、敬意を表す対象によって、３つの種類があります。

- **尊敬語**……相手や話題の中の人の動作や様子を高めることで、その人への敬意を示す言い方。
  例 先生がおっしゃる
- **謙譲語**……自分や身内の動作などをへりくだることで、相手や話題の中の人への敬意を示す言い方。
  例 先生に申し上げる
- **丁寧語**……読み手（聞き手）にていねいな言葉づかいをすることで、ていねいさを示す言い方。
  例 言います

尊敬語と謙譲語のイメージがつきづらい場合には**「相手の動作につけるのが尊敬語」「自分の動作につけるのが謙譲語」**と覚えましょう。たとえば「言う」という単語は、相手が「言う」と尊敬語の「おっしゃる」に、自分が「言う」と謙譲語の「申す」「申し上げる」になります。

３種類をしっかり身につけましょう

敬語の間違いアルアルは、尊敬語と謙譲語の混同です。「自分の動作に尊敬語を使ってしまう」「相手の動作に謙譲語を使ってしまう」という間違いが典型的でしょう。敬意を表そうという気持ちはわかるのですが、これでは失礼になってしまいます。

たとえば「お客さまが確認ずみと申し上げた」は、あべこべな敬語です。「申し上げる」は自分の動作をへりくだる謙譲語ですから、お客さまを下げてしまうことになります。

相手の動作に謙譲語をつける間違いは相手を不快にする可能性が高く、問題になりやすいので注意が必要です。

尊敬語の種類

1	〜れる・られる	例 お客さまが帰られる。
2	お（ご）〜になる	例 部長がお出かけになる。
3	特別な形	例 行く➡いらっしゃる する➡なさる 言う➡おっしゃる 食べる➡召し上がる

謙譲語の種類

1	お（ご）〜する	例 お送りする
2	特別な形	例 行く➡参る・伺う する➡いたす 言う➡申す・申し上げる 食べる➡いただく

丁寧語

〜です・〜ます
〜でございます

例 受付はこちらでございます。

基本的には、尊敬語「お（ご）～になる」と、謙譲語「お（ご）～する」で表現できます。**特別な形に変わる動詞については、代表的なものを覚えて使えるようにしましょう。**

敬語に悩んでメールを打つ手が止まってしまう、という相談を受けることがありますが、自分が知っている言葉に置き換えて表現することを心がけます。

自分が知っている、わかりやすい言葉で書くほうがスピーディですし、失敗も少なくすみます。敬語の"正しさ"を追求して時間がかかるのは本末転倒です。

きちんと身につけていた言葉なら
間違える心配は少ないですね

二重敬語と「いただき」すぎに注意です

尊敬語と謙譲語の混同以外で間違えやすいものに、**二重敬語**があります。同じ種類の敬語を２つ重ねた表現のことで、代表的なミスのひとつです。

相手に対して非常に失礼な書き方というほどではありませんが、**回りくどい響きになるので避けましょう**。

お客さまが**お出かけになられます。**

これは、「お～になる」と「れる・られる」を両方使っていて二重敬語となりますので、どちらか一方にします。

お客さまがお出かけになります。

お客さまが出かけられます。

また「いただく」を使いすぎるのも過剰な印象で、読みづらくなります。「いただく」をつけると失礼はないだろう、とつけがちですが、安易に考えるとほとんどの動詞に「いただく」がついてしまいます。

「いただく」の数を減らすためには、**相手に何かを「もらう（頂戴する）」「（〜して）もらう」という意味を持つ「いただく」以外を別の言葉に置き換える**とよいでしょう。

下の例文の場合は「（〜して）もらう」という意味で使われているのは１つめの「いただく」だけです。他の「いただき」は別の言葉にします。

弊社にご来社いただく件につきましては
担当者に確認させていただきましたうえで
あらためてご連絡をさせていただきます。

弊社にご来社いただく件につきましては
担当者に確認したうえであらためてご連絡いたします。

「もらう」「(〜して) もらう」は、「くださる」に言い換えることもできます。

弊社にご来社くださる件につきましては
担当者に確認したうえであらためてご連絡いたします。

気をつけすぎると過剰な敬語になって
くどい文章になってしまいますね！

“正しさ”よりも“伝わりやすさ”を大切に

ビジネスメールで重要なのは、自分の依頼に対して相手が反応してくれる、行動してくれることです。

たとえば「会ってほしい」「買ってほしい」「見積書がほしい」「状況を知ってほしい」など、メールを書く際には相手へ何かしらの要望・要求があるはずです。その要望・要求が伝わればよいのですから、むずかしい言葉は必要ありません。

優先させるのは「正しい敬語」ではなく「気持ちよいコミュニケーション」です。言葉が正しければよい、という概念が最上位にあると、日本語の先生や言語学者がいちばん仕事ができるということになってしまいます。

たとえば、本来「お伺いいたします」は「伺う」と「お〜いたす」の二重敬語です。正しさで言えば「伺います」が正解となります。ただし、最近は「お伺いいたします」を使う人も多く、許容される表現と捉える人も増えています。

日本語の正しさにこだわりすぎてメールを書く手が止まるくらいなら「行きます」「お邪魔します」に言い換えたほうが確実です。逆に、相手が「お伺いいたします」と書いてきたとしても、目くじらを立てないようにしましょう。

「おられる」という敬語は、一般的には間違いと考える人もいます。「おる」は「いる」の謙譲語なのに対して、「れる」は尊敬語と、種類が違うからです。

ただし、関西以西では「おられる」が敬語として日常的に使われています。方言とも言えるフレーズです。現在では尊敬語として認める考えもあります。

このように、各地には特有の敬語もあります。方言と共通語を使い分けることも大切ですが、方言で表現するのも自然なこと。そういう意味でも、相手の敬語のミスはおおらかに受け止めたほうがよさそうです。

私たちは日本語の研究者ではありません。周りへの厳しさが仕事によい結果をもたらすことはまれです。相手への敬意と気持ちのよいコミュニケーションを心がけましょう。

Let's do it

基本の敬語をしっかり覚えて、知っている言葉で書きましょう

ビジネスに合う言葉をつかう

第７位は「ビジネスに合う言葉を使う」です。正直なところ、むずかしい問題ですね。

どういう意味ですか？

同じ言葉でも、表現でも、相手との関係や場面によってニュアンスが変わってくるからです。
たとえば冗談に対して「何を言ってるんだ」と笑いながら返すのは、楽しい会話ですよね。でも、文章だと、空気感が伝わりづらいんです。

表情の要素は大きいですね。

はい。**対面だと、表情の他にもジェスチャーや声色があります。**電話は声だけですが、それでも伝

わることは多いです。

言い方や声のトーンですね。

対して、メールは文字だけなので、対面や電話よりも言葉そのものに気を配らなければいけません。自分にそのつもりがなくても、誤解されて「失礼なことを言う人」と評価を下げてしまう可能性があります。

たしかにメールで「何を言っているのですか」と書かれていたら、相手が怒っているように感じるかもしれません。

同じ言葉づかいでも楽しいやりとりになったり、失礼になったりするのが、コミュニケーションのむずかしいところですね。

その時々で注意をしていくほかないのでしょうか。

もちろん注意するのは大切です。でも、"やらないほうがよいこと"はありますよ。

では、その"やらないほうがよいこと"を教えてください！

わかりました。紹介しましょう。

ビジネス文書は定型文の通知や報告などを目的としたツールなので、コミュニケーションという言葉は適当ではありません。

一方**ビジネスメールは単なる情報伝達の手段ではなく、ビジネス文書よりコミュニケーションの色合いが強いツール**です。その意味では電話に近いと言えるでしょう。

ただし、最近ビジネスの現場でも用いられるようになってきたチャットほどではありません。チャットはやわらかい言葉づかいで、ポンポンと会話のラリーを続けていきます。

気軽に使えるツールですから、今後はもっと口語に近い言葉づかいでやりとりする可能性があります。

その点、**メールはチャットよりもオフィシャルなツールです。**相手の社内で転送されることもあります。第三者が見てもおかしくない在り方、言葉づかいであるべきでしょう。

たとえ仲の良い相手でも、社会人として仕事にふさわしい言葉づかいを心がけます。

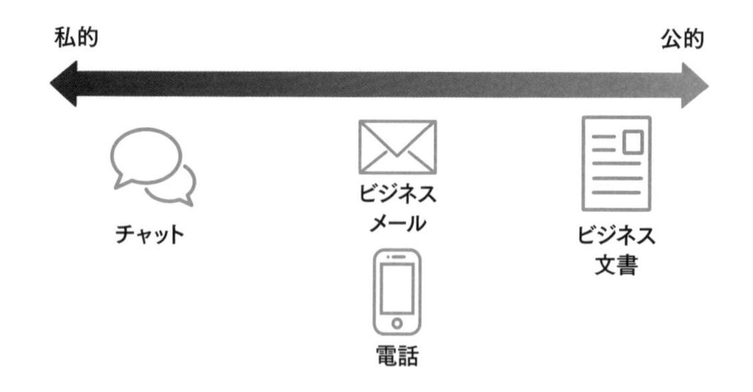

文語体をベースにしましょう

言葉づかいで大切なのは、相手に違和感を持たせないことです。いわゆる「俗語」は使わないほうがよいでしょう。

友人と話すような**口語体（話し言葉）ではなく、文語体（書き言葉）をベースにする**のも大切なことと言えます。

たとえば接続詞の「だから」「でも」などは話し言葉です。親しい間柄で対面で雑談するときなら許容されますが、メールでは違和感を持たれる可能性があります。

「だから」は「そのため」、「でも」は「しかし」など文語体を使うようにしましょう。

Bad

口語体
▷だから
▷でも
▷とても
▷たくさん
▷ちょこっと、ちょっと
▷多分

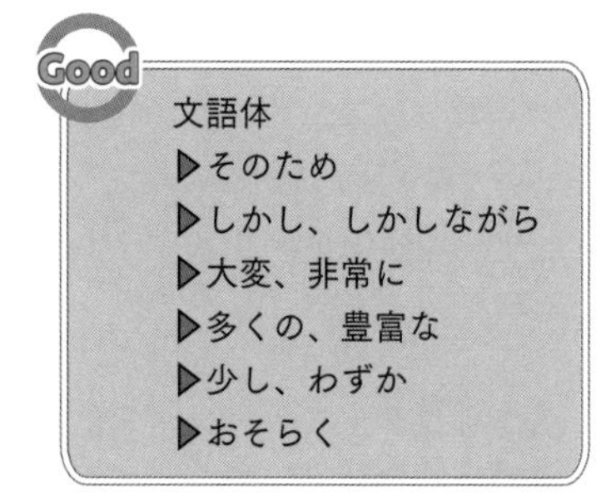

ただし、親しい相手へのメールの場合など、文語体だけだと多少堅い印象を与えてしまうかもしれません。コミュニケーションですから、あたたかみは表現したいところです。

このような場合には、**文語体をベースに、文末に「ね」「よ」をつけるだけで話し言葉の柔らかい印象になります。**

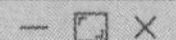

いよいよ期間限定プロモーションが始まりましたね。

店頭では非常に評判がいいですよ。

文語体がベースとはいえ、**親しい間柄の場合は、多少ラフな言葉づかいにすることはあります。**同僚同士や何度も対面している取引先なら「大変」を「とても」と、場合によっては「とっても」と表現するかもしれません。

一方で、軽口を言い合える親しい相手でも、契約条件を交渉する際、またミスが起きたりした際には、文語体で書かれた説明が求められるでしょう。

このように、**相手によって、また状況によっても適切な言葉づかいがあります。**「○○すればよい」と単純な話ではないわけです。

高度なコミュニケーション能力が
求められるんですね

Little break

いわゆるスラング（俗語）や若者言葉にも注意しましょう。「ヤバい」「私的には」「弊社的には」などは、社会人として疑われてしまう言葉づかいです。

「キャンペーンで**引っかけます**」「特別販売の**仕掛け**をしています」もお客さまに失礼です。お客さまの依頼に「すぐ**処理します**ね」と答えるのも、気分を害してしまう可能性が高いので、注意しましょう。

なれなれしい表現は避けましょう

ウェブサイトの問い合わせ担当や営業担当など、外部から不特定多数のメールを受け取る人は、1日に相当数のメールに対応しています。そのため「このメールを読むかどうか」をパッと見た際の違和感で判断することが多いようです。

違和感のないメールだときちんと目を通すけれど、違和感があれば迷惑メールや営業メールだと判断されるわけです。この場合、軽く流し読みするだけ、もしくは読む前に削除されてしまう可能性もあります。

たとえば初めての相手からのメールが「こんにちは！」という挨拶で始まっていたら違和感があります。

文面に「これはヤバすぎます！」などという言葉づかいがあれば、やはりビジネスに取り組む姿勢を疑ってしまいます。ビジネスでのやりとりとしてふさわしい言葉をつかうことは、このようなリスクを避ける意味もあるのです。

Let's do it

文語体をベースに、ビジネスにふさわしい文にしましょう

チェックの優先順位をつける

キーボードの打ち間違いによる誤字、漢字の変換ミスなどは、ほとんどの人が経験しているのではないでしょうか。

自分もありますね。どうすれば防げますか？

ケアレスミスを防ぐためには、**文章を書いたら、送信ボタンを押す前に読み返してチェックすること**ですね。

1日に何通も書くときは、じっくり読み返すのがむずかしいかもしれません。

チェックの優先順位を知っていれば、ざっとでも効果がありますよ。

固有名詞のミスは絶対に防ぎましょう

ケアレスミスは、ないほうがいいに決まっています。あまりにミスが多いと、「正確性を欠く人」と信頼を失う可能性もあります。

ただし、通常時のメールであれば、ちょっとした誤字や漢字の変換ミスで大きなトラブルになることはあまりありません。

たとえば「絶好の機械ですね」と書かれていたら「絶好の機会ですね」と書きたかったのだな、と音で伝わります。相手を不快にさせる、とまではいかないのではないでしょうか。

ケアレスミスでもっとも不快感を与えるのは固有名詞です。

逆に言うと、最優先で確認したいのは固有名詞ということです。

固有名詞でよくあるのが「斉藤」「斎藤」「齋藤」など、相手の名前の漢字を間違えているパターンです。「友朗」「友郎」のように、似た文字で間違えていることもあります。

私も、大学生の研究に協力して取材を受けた後、ていねいに送ってくれたお礼のメールで名前が間違っていて、がっかりしたことがあります。

特に相手についての固有名詞を間違えるのは失礼にあたります。**相手の名前、会社名、商品名などは基本的にコピー＆ペーストで**入力するようにしましょう。間違いがなくてすみます。

自分のことを間違えられると腹が立ちますね。
名前の漢字はさまざまなので要注意です！

数字のミスは要注意です

ケアレスミスのなかでも、数字に関するものはトラブルを起こしやすいので必ずチェックしてください。**数字は、約束事や契約事項にかかわることが多い**からです。

ビジネスメールでよく扱う数字は、たとえば次のようなものが代表的です。

- 日付（曜日との一致も併せて確認します）
- 時間
- 数量
- 長さ、高さ、幅、重さ
- 電話番号
- 型番
- 金額
- 口座番号
- 住所の丁目、番地、号

カレンダー、電話のメモ、カタログなどと照らし合わせたほうがいいですね

推測できないほどのタイプミスは困ります

漢字の変換ミスで同音異義語になってしまった、という程度なら書き手の意図を推測できますが、推測すらできないタイプミスだと問題です。

私が**オセアニアいる**田中様です。

私がお世話になっている田中様です。

このようなミスを防ぐため、キーボードを打ちながら画面を確認する癖をつけましょう。そのうえで、書き終えてからざっと読み返すと、ほぼ防ぐことができます。

相手が固有名詞を明確に書かないこともあります。暗黙の了解のように話が進むケースです。

しかし面会の場所や商品名などは、すれ違いが起きる可能性もあります。「次回の納品は」などと書かれた場合、特に似た商品・サービスがあるなら返信で「次回の納品（Aシリーズ05番）は」などと商品名を具体的に記載するようにしましょう。

トラブルを防ぐために、できるだけ抽象度を下げることが大切です。

チェックの優先順位が高いものから、①固有名詞、②数字、③推測できないタイプミスです。固有名詞はコピー＆ペーストで対応し、数字は資料と照らし合わせます。キーボードを打つ際に画面を確認する癖をつけると、チェックがさっと終わります。

Let's do it

優先順位の高いものからチェックして致命的なミスを避けます

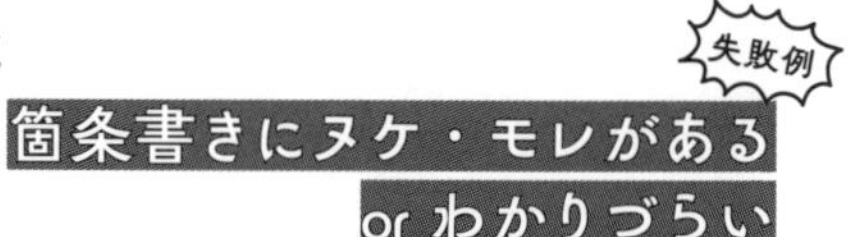

箇条書きに規則性を持たせる

箇条書きはシンプルでわかりやすく伝わりますよね。それなのに、第９位にランクインしてしまうのはなぜでしょう？

ノウハウとして紹介されることはあまりありませんが、箇条書きにもポイントがあるんですよ。

たしかに聞いたことがありませんね。

規則性を意識して並べるなどと、ちょっとしたことで箇条書きはグンとわかりやすくなるんです。
逆に言うと、ポイントを外すと違和感を与えてしまいます。

必要な項目を落とさないのは大前提です

メールの詳細を箇条書きにすると、文章を考える時間が少なくてすみますので時間がかかりません。読み手もわかりやすいので、いいことずくめです。

手順、構成要件、条件、注意点など、箇条書きにできるものは多くありますので、積極的に使っていきましょう。

ただし、箇条書きは必要項目がすべてそろっているのが前提です。**要点となる情報はすべて洗い出して、ヌケ・モレがないように注意します。**

その際には、**6Ｗ3Ｈを意識するのがおすすめ**です。

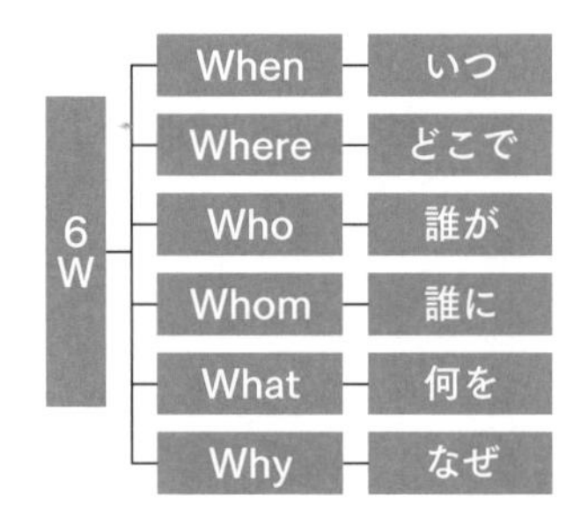

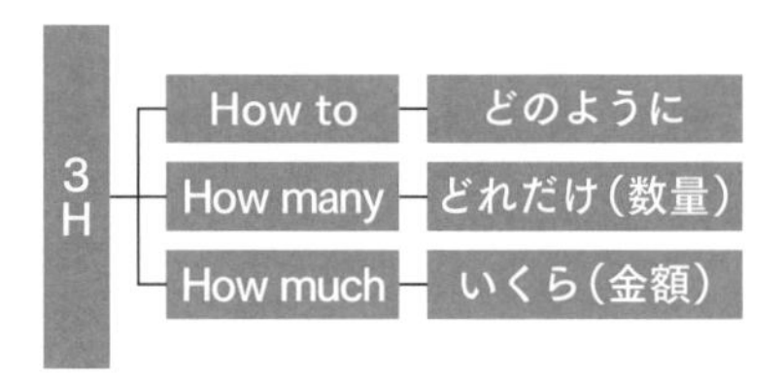

6W3Hから必要な情報を抜き出すといいですね

項目は規則性を持って並べましょう

箇条書きは規則性を持って並べるとわかりやすくなります。

たとえば、料理のレシピを箇条書きにする場合、手順どおりに①、②、③と書きます。②、③、①という順番で並んでいたら、レシピを見る人を混乱させてしまいます。違和感を覚えない、自然な順番があるのです。

以下の内容でご注文を承りました。

■注文番号：0098-771
■決済方法：クレジット決済
■数量：1
■商品名：ヘアケアフルセット
■お支払合計：5,500円（税込）

この箇条書きの項目をグループ分けすると、①商品（注文番号、商品名、数量）、②支払い（数量、支払合計、決済方法）の２つに分かれます。数量はどちらにもかかる要素です。この場合、**同じグループは近づけて記載するほうがスッキリします。**

以下の内容でご注文を承りました。

■注文番号：0098-771
■商品名：ヘアケアフルセット
■数量：1
■お支払合計：5,500円（税込）
■決済方法：クレジット決済

グループの中でも、50音順、重要度順、時系列など、何らかの基準を持って項目を並べるようにしましょう。

また、先の例のように単語で統一する、または文章を並べるなど、箇条書きの項目の表記についても統一します。規則的に書かれていたほうがわかりやすくなるからです。

文章で箇条書きの場合、文末を統一すると規則性を感じられます。また、メール本文は「です・ます体」で書きますが、**箇条書きの項目は「だ・である体」でまとめるのが一般的**です。

メールで箇条書きを使うメリットは以下のとおりです。

◎重要なことがパッと見てわかりやすい
◎文章のつながりを考えずにすむので書く時間を短縮しやすい
◎見やすく、読みやすい
◎要点を把握しやすい

ここでは「〜やすい」で統一して50音順に並べています。その他、動詞で統一するなど、内容に合った方法をとりましょう。

Let's do it

必要項目のヌケ・モレに注意して規則性・統一感を持たせます

失敗例

相手に通じない言葉を使ってしまう

ローカルルールを使わない

ローカルルールって何ですか？

社内だけの独特の言葉づかいや業界用語など、そのコミュニティに属していないとわからない言葉のことですね。部署によって言葉づかいが違うこともあるんです。

ローカルな言葉をメールに使うと、外部の人には通じなかったり、誤解されたりしますよね。

そうです。意外とその言葉がローカルルールと知らないで使っている人もいるので、一般的な言葉や表現を覚えて使い分けたほうがいいですね。

なるほど！

一般的なビジネスマナーと比べてみましょう

「社長」「部長」などは役職を表す言葉であると同時に、敬称でもあります。

そのため、**「社長様」「部長様」とするのは一般的なビジネスマナーとしては間違った使い方**です。

○○部長と書けばよいのですが「様」をつけないと落ち着かない場合には「部長　○○様」と、先に役職を書き、名前に様をつけるようにします。

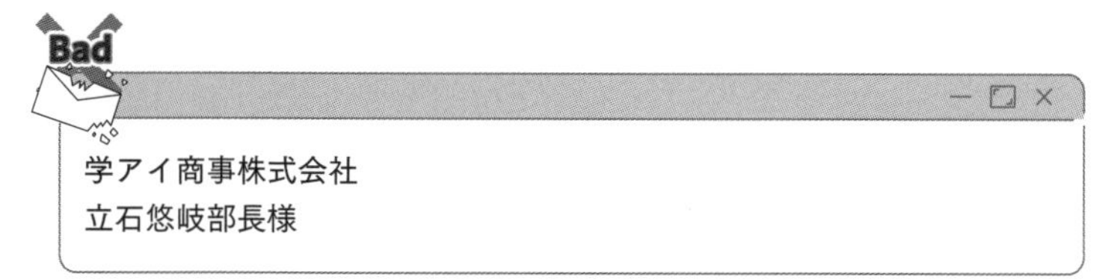

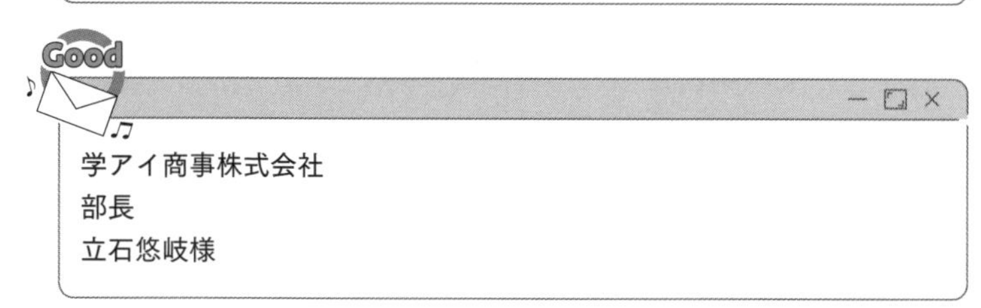

ただし、「部長様」「課長様」という敬称が社内の文化となっている会社もあります。

このような**会社の文化を否定する必要はありません。**自社に何らか独特な言い方、言葉づかいがある場合には、社内へのメールはそれに従い、他の会社の人に送るメールは一般的な言葉にしましょう。

非効率や理不尽でなければ
会社の文化は尊重したいですね

業界用語は業界内だけで使いましょう

たとえばコンサルティング業界では「アサイン」「ジョイン」「アジェンダ」など、多くのカタカナ用語が使われます。他の業界の人には耳慣れないのではないでしょうか。

多くの業界がそうですが、業界用語を使わないと、業界内では経験が浅い人、スキルや知識が未熟な人と見られることがあります。業界用語は業界知識にもつながりますので、ある意味当然かもしれません。

ただし、業界用語に慣れすぎると、だんだん一般的にも使われている言葉のように思い込んでしまうことがあります。

業界外の人にメールを送るときには、業界用語を使わないようにするのがマナーです。

人が知らない言葉と出合ったときは、すでに知っている言葉に置き換えて近い意味を推測します。それでも思い当たらないときには調べたり、人に聞いたりするのですが、相手にこの行動を取らせてしまうことが無駄です。推測させる、まして調べさせるのは、相手の時間を奪ってしまうことになります。

ビジネスメールで国語の勉強、他業界の勉強をする必要はありません。

誰でも使える平易な言葉を使うように心がけるのが、解決策になります。

どんな業界にも業界用語がありますね。
新人の頃の気持ちを忘れず、使い分けましょう

横書きの文章には、読点にコンマ（,）句点にピリオド（.）を使うのが正しいルールと思っている人がいます。特に論文を書く人に多いようです。

メールにもこのルールを適用している人がいます。

コンマ（,）とピリオド（.）を横書きに用いる習慣ができたのは、1952年に国語審議会から出された「公用文作成の要領」からとも言われています。

ただし、読点のコンマ、句点のピリオドは、見る人に違和感を与えます。読点（、）句点（。）を使うほうが自然です。

実際に「公用文作成の考え方」は2022年に読点「、」句点「。」を用いるのが原則と改訂されました。

Let's do it

社内や業界の用語や文化は尊重しつつ相手によって使い分けます

メールのスピードアップを目指そう

メールの読み書きに時間がかかって、それ以外の業務にかけられる時間がないという相談を受けます。
最近はメールの通数が増えていますから、メールのスピードアップは生産性向上のカギです。
1通あたりの処理時間を短縮しましょう。

2020年から始まったコロナ禍は、仕事上のコミュニケーション手段にも影響を与えました。

まず、人との接触機会を減らすため、対面での打ち合わせや商談、会議が少なくなりました。リモートワークが中心になり、人と会うことも減りました。

代わりに増えたのが、メール、チャット、ウェブ会議です。文章によるコミュニケーションが担う役割が大きくなり、読む・書く時間が増えています。

メール1通にかける時間短縮は至上命題です。

◎タイピングを速くする

仮に1日に20通のメールが届き、それらを読み返信をするとします。1通のメールを読む・書く時間が10分だった場合、全体で3時間20分かかります。8時間労働なら半分近い時間です。

しかし1通5分なら1時間40分、1通2分なら40分ですみます。その分、それ以外の業務に充てる時間が増えるのです。

メールのスピードアップのためにまず取り組みたいのが、タイピングの練習です。文章を考えるのに時間がかからない人でも、キーボードを打つスピードが遅ければ物理的に時間がかかってしまいます。

1分間に50文字しか打てない人と、400文字打てる人ではメールにかかる時間が変わってくるのはわかるでしょう。

タイピングスピードを上げるのは、意外と簡単です。**インターネットにはタイピング練習のための無料サイトがたくさんあります**ので、試してみましょう。ゲームのように楽しく練習できるサイトもあります。肩肘を張る必要はありません。

◎単語登録を最大限に利用する

パソコンの単語登録はぜひ活用したい機能です。「いつもお世話になっております」というよく使う挨拶フレーズを「@いつも」で登録したとします。キータッチ回数は「itumoosewaninatteorimasu」で24回ですが、「@ itumo」なら6回ですみます。すぐに効果の出る方法です。

単語登録を使いこなすコツは、徹底的に登録することです。毎日のように使う言葉はもちろん、1カ月に1回ぐらいしか使っていない言葉も登録しましょう。登録すればするほど、メールの時間が短縮されます。

- はじめの挨拶・結びの挨拶

- 名乗り（会社名と名前）
- 商品・サービス名
- 住所・電話番号
- メールアドレス
- 部署内のメンバーの名前

上記は特に頻出する言葉です。登録しておくと便利です。

なお、**スマホやタブレットにも単語登録の機能があります**ので、これらを使ってメールを書いている人は使っているデバイスに単語登録するとよいでしょう。

RANKING
第11位
〜
第15位

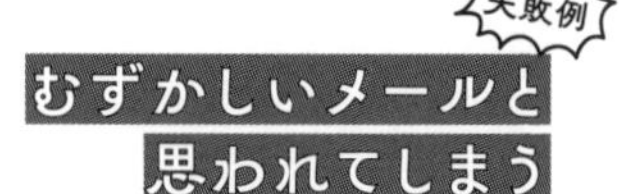

漢字を減らす

メールはサラッと読ませる文章がよいのが大前提です。でも漢字が多いと「むずかしそう」と心理的な抵抗感を作り出してしまいます。

たしかにひらがなが多いと簡単そうに感じますね。

ひらがな多めにしましょう

ひらがなが多いと**画面に余白が生まれ、文章を読む心理的な抵抗感が弱まる効果があります。**

基本的に、漢字で表記しなければならないのは名前や会社名など固有名詞くらいです。それ以外は、漢字でもひらがなでも間違いではありませんが、常用漢字は漢字で書くなど次ページのような目安を持っておくとよいでしょう。

なお、常用漢字を検索できるサイトで調べることもできますが、あまり深く考える必要はありません。よく見る漢字、中学生くらいでも読めそうな漢字なら使う、それ以外はひらがなにする、という程度でよいでしょう。

- 固有名詞（名前・会社名・商品名・地名など）→漢字
- 動詞→常用漢字は漢字
- 名詞→常用漢字は漢字
- 形式的な名詞（とき、ところ など）→ひらがなが望ましい
- 補助動詞（〜いただく、〜いたす など）→ひらがなが望ましい
- 接続詞（また、なお、したがって など）→ひらがなが望ましい
- 副詞（ずいぶん、なにとぞ など）→ひらがなが望ましい

尚、今回の議事録は共有サーバーに保存して御座います。
又、次回の会議資料は1週間前にメールでお送り致します。

お忙しい所たいへん恐れ入りますが、
ご確認の程、宜しくお願い致します。

なお、今回の議事録は共有サーバーに保存してございます。
また、次回の会議資料は1週間前にメールでお送りいたします。

お忙しいところたいへん恐れ入りますが、
ご確認のほど、よろしくお願いいたします。

Let's do it

ひらがなでも読みやすい単語は ひらがなを使いましょう

ひらがなのルールを覚える

11 位に通じるテーマですが、常用漢字なら動詞は漢字、補助動詞・補助形容詞はひらがなが原則です。漢字の数を減らすためです。

補助の関係を知る必要がありますね。

直前の動詞を補助するものです

補助動詞は、その単語が持つもとの意味が薄れて、直前の動詞の意味を補完する動詞のことです。下記の文章の、下波線の部分が補助動詞になります。

- ３階の会議室を予約して**いる**
- 資料を読んで**おく**

「予約している」の場合は「予約して」を、「読んでおく」の場合は「読んで」を補助しています。つまり「いる」と「おく」は補助動詞です。

補助形容詞も主な意味を表す動詞のすぐ後について補助的な意味を添えます。

❶形容詞：新しいパソコンが**欲しい**
❷補助形容詞：会議室の机を整えて**ほしい**

上の文章は同じ「ほしい」で、❶が形容詞として使われる場合、❷が直前の「整えて」を補助する補助形容詞で使われる場合です。ここで表記されているように、**補助形容詞はひらがなにするのが一般的です。**

補助の関係の例は、他にも多くあります。

（動詞）机の上に置く　**（補助動詞）**置いて**おく**
（動詞）足元を見る　**（補助動詞）**見て**みる**

こうしてみると補助動詞「おく」と「みる」は、動詞の「置く」「見る」から意味が薄れていることがわかるでしょう。漢字とひらがなの書き分けに迷ったら「直前の動詞を補助しているかどうか」で判断しましょう。

Let's do it

補助動詞・補助形容詞はひらがなが原則です

英数字は半角に

英数字を使うときは、基本的に半角で統一するようにしたほうがいいですね。全角・半角の混在はダメではないですが、統一するほうが無難です。

半角が基本なんですね。

半角に統一しましょう

「このようなときは全角」「このようなときは半角」と場合分けして統一する人もいます。場合分けがＮＧというわけではないのですが、毎回ルールを考える手間を生んでしまいます。

それなら、**どちらかに統一したほうが簡単ですし、統一するなら半角のほうがよい**でしょう。全角だと、文字間に隙間が多く、見づらくなることがあります。

不動産会社に多いのが、通常の英数字は半角で、家賃だけ全角で表示しているメールです。家賃を目立たせる目的ですが、不統一で読みづらくなります。

ご希望の条件に合う物件がございましたのでご紹介します。

◎物件名：ABCマンション
◎交通：代町駅より徒歩5分
◎間取り：2LDK、70平米
◎家賃：１５万８，０００円

ご希望の条件に合う物件がございましたのでご紹介します。

◎物件名：ABCマンション
◎交通：代町駅より徒歩5分
◎間取り：2LDK、70平米
◎家賃：15万8,000円

Let's do it

英数字はすべて半角にすると楽で見やすくなります

表記がバラバラで読みづらい

表記を統一する

漢字・ひらがな・カタカナの使い分けは、基本的に統一しましょう。同じものを指しているなら、同じ表記がわかりやすいです。

「卵・たまご・タマゴ」のどれかを選ぶんですね。

表記がバラバラだと読みづらくなります

同じものを指している場合には表記を統一します。その際は、もっとも読みやすいものを選ぶようにしましょう。

たとえば「なまもの」は「なまもの」「生もの」「生物」と多くの表記があります。ただし「生物」は「せいぶつ」とも読みます。そのため「なまもの」もしくは「生もの」が選択肢になります。

送り仮名も統一します。次ページの表を見てください。

たとえば「うりあげ」という語句で考えてみましょう。動詞の際には「売上げる」「売り上げる」と送り仮名を入れます。

動詞	売上げる 売り上げる	請負う 請け負う	申込む 申し込む	見積る 見積もる
名詞	売上、売上げ、 売り上げ	請負、請負い 請け負い	申込、申込み、 申し込み	見積、見積り 見積もり
熟語	売上目標、 売上総利益	請負工事	申込書、 申込窓口	見積書、 見積額

名詞の送り仮名は「売上」「売上げ」「売り上げ」と、どれも間違いではなく、読みやすさにも特に差はありません。ところが熟語になると「売上目標」「売上総利益」と、送り仮名をとるのが一般的です。

そのため、品詞ごとにそろっていればよいと考えます。名詞については、売上、売上げ、売り上げのどれを採用したとしても、そろえればよいわけです。

なお、外来語は「シミュレーション」を「シュミレーション」など、間違えて覚えているものもありますので注意してください。

また、会社名のなかには似たような名前、紛らわしい名前があるので注意しましょう。

Let's do it

漢字・ひらがな・カタカナの表記は統一するのが基本です

マイルールを押しつける

大多数に合わせる

マイルールって何ですか？

いろいろありますよ。段落を字下げする人、なぜか句点(。)がない人などなど。個人の癖なのですが、他の人が見ると不自然です。

多数派のほうが違和感を与えません

ビジネスメールはまだまだ新しいツールです。使う人が増えるにつれ、またパソコンやスマホの進化に伴って、ルールやマナーが変化してきました。これからも変化は続くでしょう。

そのため、**メールは多くの人が使っている方法に合わせるほうが間違いが少なくてすみます。**

たとえば、日本語は縦書きも横書きも、段落の初めを１文字空白にして書き始めるのがルールです。対して、メールはすべて左詰めで書くのが一般的になっています。画面で読む場合にはそのほうが読みやすいからです。

ところが、ある新聞社の記者さんからのメールは、段落の始まりがすべて1文字空白になっていました。本人もわかっていながら「癖で直せない」そうです。記事を書くときは字下げするのが当然ですから、習慣になっているのでしょう。

しかし、自分独自のルールは他の人から見ると不自然に映ります。

他にも「改行しているから必要ない」と思うのか、句点（。）をつけない人がいました。自分なりの意味を持たせて□■◆と記号を使い分けている人もいましたが、他人にはその意味がわかりません。

下手をすると、自分の評価を下げるおそれもあるので注意しましょう。メールは、書き方で個性を発揮するより、大多数の人が採用している方法に従うほうがよいメールになります。

Let's do it

個人のこだわりよりも
大多数の慣習に合わせましょう

第2章

コミュニケーション編

RANKING
第1位
第5位

答えを
ごまかさない

コミュニケーション編の第１位は「答えをごまかさない」です。

嘘をついているということでしょうか？

嘘と断言はできないかもしれません。
ほとんどの人は、仕事に誠実に向き合っていると思うんですよ。**誠実に、最大限の努力をしようとして、答えがあいまいになってしまうことが多い**ような気がします。

自分はよかれと思っているのに、**相手は「ごまかされた」と不快になってしまう**、ということですか。

そうです。たとえば、納期に間に合うかむずかしい依頼があって、自分は必死にやってみようと「その日を目指します」と返事をする。あいまいに答えてしまうんですね。そこに悪意はありません。
それで納期に間に合えばよいのですが、むずかしい依頼ですから、できないこともありますよ。
うまくいかないと、相手が「ごまかされていた」と不快になってしまうこともあるでしょう。

前向きな答えがあだになって、相手から「嘘をついた」「不誠実だ」と評価を下げられてしまうのか。

まさに**コミュニケーションのすれ違い**です。
日常的によくある話なんですよ。業務も円滑に進まないし、その人の評価に直結してしまうという、やっかいなすれ違いですね。

たしかに、インパクトが大きい出来事ですね。

悪意を持って嘘をつくケースは、実はあまり多くありません。
誠実に仕事をしているから起きるのですが、やっぱりあいまいにしないことが大切でしょうね。
ただし、あいまいにすることでうまくいくこともあり、一概に「こう」とは言い切れないのがコミュニケーションです。

相手が「ごまかされた」と不快感を持つケースはさまざまありますが、たいていの場合はコミュニケーションのすれ違いの結果、「業務がうまくいかなかったとき」でもあります。

たとえば、上司に「お客さまへの電話はかけましたか？」と聞かれて、部下が「私もかけなければいけないと思っていました」と答えたとします。

なんとなく会話になっているようなやりとりですが、部下は上司の問いに答えていません。「かけた」か「かけていないか」を聞いているので､答えは「かけました」か「かけていません」なのに、話題をそらしています。

部下も仕事には真摯に向き合っているので、答えをごまかしているつもりはないのがやっかいです。「すぐにかけなければいけないことはわかっていますが、まだかけておらず、これからかけるところです」と言いたいのかもしれませんが言葉が足らず、上司に「答えをごまかしている」と不信感を持たれてしまうかもしれません。

また、上司が「では、すぐかけてくださいね」とその場で念押しの指示を出さないことも考えられます。「かけなければいけないと思っていたなら、すぐにかけるだろう」と思って、「そうなんだね」と返事をしたとします。

この場合、部下は「すぐでなくてもよいのかな」と、先延ばしにしてしまう可能性もあるでしょう。「まだかけていません」とストレートに答えていれば、「ではすぐに」と指示を受けられたはずです。

話をそらすことで、コミュニケーションがすれ違ってしまう可能性があるわけです。

質問にはストレートに答えましょう

読み手が質問を読み違えて、質問に答えられていないこともあります。相手のニーズを読み解く力、質問を読み解く力も必要です。

A商品のロゴは青でご提案しておりましたが、
白に変更のご指定をいただいています。
貴社のロゴについて色の規定などあるでしょうか。
ロゴ規定がございましたら共有していただけますか。

上の例は、質問に対する答えになっていません。質問者が知りたいのは「規定によって変更されたのか」「規定があるなら共有してほしい」です。それなのに、答えは「青のままでいい」です。

これでは白色に変更の指定をした理由も、規定があるかどうかもわかりません。何らかの理由で変更を指示したが「やはり青のまま」という結果だけを伝えてきています。

質問者の希望を取り入れようと配慮した結果であっても、相手は指示の理由を聞いています。これでは、もやもやしたまま仕事を進めることになるわけです。

**よかれと思ったことがあだになることも
あるんですね**

あいまい表現は避けましょう

あいまいな表現を避けるのも、すれ違いを防止する有効な方法です。

たとえば「今週中」と表現したとき、「金曜日まで」「土曜日まで」「日曜日まで」と人によって解釈が分かれます。自社の営業日で判断する人が多いようです。

月曜日から金曜日が仕事の人は、金曜日と思い込みがちですが、土曜、日曜が仕事の人は世の中に多くいます。「今週中」ではすれ違いが起きてしまうでしょう。

そのため、**「9月8日（金）」までと、日付で書くのが基本**になります。就業時間についても会社によりますから、「9月8日（金）17時まで」など、**時間も加えると、さらに認識のズレを防ぐことができます。**

▷今週中
▷できるだけ短い期間で
▷なるべくたくさんの人

▶9月8日（金）17時まで
▶3日以内に
▶100人以上

数字で表現できるところはなるべく数字で表現するとそれが目安となり、大きな認識のズレは生まれにくくなります。

また、具体的に書きすぎると相手にプレッシャーになると考えあいまいな表現を使う人がいるかもしれません。しかし、あいまいに書くことで相手が「逃げている」「うやむやにしている」と裏の意図や悪意を過度に読み取るケースもあります。悪意を持ってごまかすというより、誠実に対応しようとした結果、すれ違いが起きるケースです。

悪意がないとはいえ、業務に支障が出たり、自分の評価を下げたりと、よくない結果を招きますので注意してください。

答えをはっきりさせないのは誤解の元ですが、明確にしないからこそスムーズに進むこともあります。

たとえば取引先から何か提案があったとします。自社ではとうてい受け入れられない提案だとしても、すぐその場で断ると相手の気分を害してしまうかもしれません。

このようなときには、「ありがとうございます。上司とも検討してみますね」といったん受け取ることがあるでしょう。そのうえで、後日「せっかくですが～」と断る。ワンクッション置いたり、時間を少しとることで、きちんと考えているという姿勢を見せると、角が立ちづらくなります。

嘘も方便が仕事をスムーズに進めることもあるのは、コミュニケーションの奥深さを示しています。

Let's do it

質問にはストレートに答えましょう

失敗例

返信が遅くなってしまう

24時間以内に返信する

コミュニケーション編の第２位は「24時間以内に返信する」です。これは、自分が待たせた側、待たされた側のどちらも経験している人が多いかもしれませんね。

はい。後で返信しようと思って、そのまま忘れてしまったことがあります。

午前に見たメールを午後に返信しようとして忘れる、といったパターンですよね。**遅くなる原因はいくつかあって、忘れてしまうのも１つ**ですよ。

他にもあるんですか？

似たパターンとしては「すぐに返信できない内容

が含まれていて、後で返信するつもりが忘れていた」というものです。上司の許可が必要だけど、今日は上司が不在だから返信できない、とか。

ああ、ありますね。

他には、**迷惑メールフォルダに振り分けられてしまったことに気づかない**とか。

普段からやりとりしている相手のメールが迷惑メールフォルダに入ることがありますよね。

迷惑メールフォルダを確認する習慣をつけたほうがいいですね。さらに、ごくまれに行方不明になってしまうメールもあります。
メールを送信したからといって、相手が読んだかどうかはわかりません。だから、返信が遅いと「メールが届いていないかもしれない」「読まれていないかもしれない」と不安にさせてしまうんですよ。

頻繁に返信が遅いと、相手をイライラさせてしまいますね。

はい。返信が遅いだけで「信頼できない」と評価を下げてしまうおそれがあります。逆に言えば、返信を早くして「仕事が速い人」と評価を上げることもできるんですよ。

日本ビジネスメール協会の調査によると、7割近い人が24時間以内に返事が来ないと「遅い」と感じるようです*。そのため、**基本的には24時間以内に返信するようにします。**境界線は48時間です。48時間が経ってしまうと「届いていないかもしれない」「無視されているかもしれない」など、相手を不安にさせてしまいます。

メールを催促されてしまったら「仕事ができない人」と評価を落としているかもしれません。即レスである必要はありませんが、1日に2～3回ほどはメールを確認して、返信するように習慣づければ24時間を超えることはなくなります。

ただし、これは基本的なメールの場合です。業種や職種によっては、3時間以内に返信しなければいけない、などという状況もあります。このような場合には、社内ルールに従って、よりスピーディに対応するようにしましょう。

早く返信しようと、メールばかりを気にして、その他の業務に集中できていない人もいます。

メール対応が主業務ならよいのですが、それ以外の人はメールではない主業務を持っているはずです。提案書を作ったり、見積書を作ったり、お客さまに対応したり、経理をしたりなど、主業務の時間を確保しましょう。

メールは1日中気にするのではなく、確認する時間を決めて効率的に処理しましょう。始業後、お昼休み明け、夕方など、自分の仕事に合わせたタイミングを決めておくのがおすすめです。

＊「ビジネスメール実態調査2023」より

まずは第一報を入れましょう

返信を忘れやすいのは、すぐに返信できない事情があるときです。たとえば上司の許可が必要なとき、関連部署に確認しなければならないとき、協力会社から見積もりを取らなければならないときもあるでしょう。

仕事はチームで行うものですから、このようなケースは大いに考えられます。

とはいえ、確認には時間がかかるので、返信が遅くなってしまいます。その際には、**まずメールを受信していること、返事に時間がかかることだけでも返信しておきましょう。**

返事ができる状況になってから、改めてメールを送信するようにします。

仕様変更についてお問い合わせいただきありがとうございます。

ご希望いただきました変更箇所は、
複数部署との調整が必要になりそうです。
調整のうえ、かかる期間について割り出しますので
1週間ほどご猶予をいただけますか。
7月6日（木）までにご連絡します。

このとき大切なのは、**期限を自分で申告することです。**そのうえですぐに関係部署との調整を始め、期限までに忘れず連絡をします。すぐに自分の手帳やカレンダーに期限を記入すれば、うっかりを防ぐことができます。

「午前に見たメールを午後に返信する」程度の先延ばしであれば、忘れないように**メールを未読に戻しておく方法**もあります。

忘れないようにする工夫が必要ですね

複数案件はメールを分けましょう

原則として、メールは1通につき1案件です。別のプロジェクト、同じプロジェクトでも別の課題のことを1通のメールにまとめるのは避けるようにします。

ただし、1通のメールに複数の案件、複数の質問などが書かれているメールを受け取ることもあります。「これは答えられるけれど、これはまだわからない」などの状況が発生しやすく、返信しづらいと感じるかもしれません。

このようなときには、すぐに返信できることだけを返信して、残りの用件については期限を提示して改めて答える旨を伝えましょう。

>パッケージの色はその後どうなりましたでしょうか。

4月の部長会議で、白地に青のロゴで調整を進めることになりました。
最終決定は5月の会議になります。

>また、店頭キャンペーンの対象店を教えてください。

現在、宣伝部が店舗をリストアップしていると聞いておりますが、
まだできあがっていないようです。
確認して、5月23日（火）までにご連絡します。

言うまでもありませんが、答えきれなかった質問に対して、忘れずに返信することが大切です。期限を切り、その期限までには必ず連絡するようにしましょう。

複数案件が書かれたメールを受け取ったら注意が必要です

迷惑メールは効率的にチェックしましょう

迷惑メールについては、1日に1回、フォルダを確認するようにしましょう。迷惑メールフォルダに振り分けられたことで返信が遅れるのは、言い訳になりません。

時折､迷惑メールのフィルタを信じ切っている人がいますが、精度は100%ではありません。

特に、初めての相手からメールが来た際などは迷惑メールフォルダに振り分けられやすいですし、普段からやりとりしている人でも、突然迷惑メールフォルダに入ってしまうこともあります。

そのため、1日に1回のチェックは必須なのです。チェックしたら、迷惑メールは削除するようにします。次回のチェックに差し支えるからです。

ただし、すべての迷惑メールを開いて本文を見るほど厳密なチェックは必要ありません。**差出人と件名の一覧から「気になるもの」や「これは迷惑メールではないな」と感じたものだけ本文を確認します。**

迷惑メール		
差出人	件名	受信日時
高品質高級時計	代引き ブランドスーパーセール	13:44
nbgvwiphswgh@example.co.jp	ICカードのチャージがフリーに	12:03
jacnqbr@example.com	お得なチャンス！サービスが95%に	11:46
あいきる工業 柴田奈生	学アイ商事の立石様のご紹介によりメールをお送りします	11:18
広告クリエイティブ情報	御社の商談機会を獲得できる方法のお知らせ	10:14
動画ノウハウファン	プロでも犯しやすい動画公開時の失敗事例	8:34

この中で気になるのは、件名「学アイ商事の立石様のご紹介によりメールをお送りします」です。差出人は知り合いではありませんが、学アイ商事の立石様は取引先の担当者なので、迷惑メールではないと判断できます。

それ以外は迷惑メール、または営業メールのようです。営業メールは念のため本文をざっと確認する程度でよいでしょう。

差出人と件名から迷惑メールかどうか判断できますね

相手の事情にも配慮します

繰り返しになりますが、メールの返信は24時間以内が原則です。ただし、新型コロナウイルスの流行以来、体調が悪いときには無理をしないで休むという世の中の共通認識ができました。また、最近は長期休暇を推奨する傾向もあります。

そういう意味では、**24時間以内に返信が来なくても、一方的に相手を責めるのはナンセンスです。**事情があるかもしれない、と思いやりを持つようにしましょう。急ぎの用件の場合には、相手の会社に電話する方法もあります。

一方で、社内には急に体調を崩した人がいてもフォローできる制度を整えておきたいものです。お客さまとのやりとりはCCでペアとなる人に共有しておくなど、基本的なことだけでも十分に対応できます。

お世話になっております。
○○株式会社の加藤です。

吉田はあいにく今週休暇を取っておりますので、
私が代わりにご質問にお答えします。

有給休暇の日などに、不在通知メールを設定する会社もあります。大企業に多いのですが、この機能を使うのには注意点もあります。というのも、迷惑メールやメルマガ、営業メールにも不在通知メールを送信してしまうからです。

もしそのなかに同僚のメールアドレスや携帯電話番号などが書かれていたら、個人情報保護の観点からおすすめはできません。

不在通知機能を使う場合には、最低限、メルマガは解除するか､別のメールアドレスで受信するようにします。また、不特定多数の人からメールを受け取る立場の人も機能を使わないほうが得策です。

Let's do it

返信は24時間以内が基本です。できないときは第一報を送ります

失敗例

コミュニケーション手段の
選択をミスする

適切な手段を選ぶ

第３位は「適切な手段を選ぶ」です。

日本ビジネスメール協会の調査では、仕事で使っているコミュニケーション手段で一番多いのがメールなんですよね？
それなのに、メールが正解ではないということでしょうか。

いつでもメールが正解というわけではありません。
それ以外のコミュニケーション手段のほうがふさわしいときもありますから。
場面や相手に合わせて手段を選ぶのが基本です。
その時々の状況がありますから、絶対的に「この場合はこの手段が正解」と言い切るのもむずかしいのですけどね。

今はメールが一番選ばれやすいということですか？

そうですね。コロナ禍になってメールの使用量は増えました。相手の会社に電話しても、担当者がリモートワーク中でつながらないこともありますよね。相手のペースで読めるメールが便利でしたから。

そういえば、メールであらかじめ「3時にお電話してよいでしょうか」と電話のアポイントを取るようになりました。

そういう人も増えましたね。
一方で、待ち合わせ場所に向かっている最中に「電車が遅れている」とメールをしても、相手も待ち合わせ場所に向かっていますからメールを見られない可能性があります。
このようなときには電話やショートメッセージのほうが便利ですしね。

携帯電話の番号を知っていたら、たしかにそうですね。

今でも、メールより手書きの手紙に価値を置く人も多いですし、**コミュニケーション手段をメールだけですませようとするのは、なかなかむずかしい**ですね。

メールはあくまでコミュニケーション手段のひとつです。**コミュニケーションの目的はよりスムーズに仕事を進めること、より成果を上げることです。**

この目的を忘れず、状況や場面、相手に合わせてもっともよい手段を選択することが大切です。

手段には即時性の違いがあります

仕事で使われるコミュニケーション手段には、主に次のようなものがあります。

- メール
- 電話
- テレビ会議・ウェブ会議
- 会う
- チャット・メッセージアプリ
- グループウェア
- ビジネス文書
- ファックス
- ソーシャルメディア
- 手紙・ニュースレター

たとえば､相手とすぐに連絡を取りたいときに有効なのは｢電話」です。ただし先にも紹介したとおり、リモートワークで相手が社内にいることが少なくなると、その即時性は低くなってしまいます。

即時性という意味では「チャット・メッセージアプリ」も高いと言えます。ところが、取引先に訪問する途中でトラブルがあった場合、チャット・メッセージアプリで連絡しても、すぐに相手が見るとは限りません。このような場合は、やはり電話で連絡するほうが確実です。

この点、メールは即時性があるとも言えますし、ないとも言えます。送信は一瞬ですが、相手が読むタイミングはわからないからです。そのタイムラグはチャット・メッセージアプリ以上、手紙以下くらいと考えられるのではないでしょうか。

このように、コミュニケーション手段には即時性の違いがあるわけです。特に、若い社会人は電話に慣れていない人もいます。ついついメールやチャット・メッセージアプリに頼りがちですが、電話でのコミュニケーションを避けるわけにはいきません。ＩＴツールばかりに頼っていると、コミュニケーションの目的を果たせない可能性があります。

なお、実際にコミュニケーション手段を選ぶときは、即時性だけではなく、その他さまざまな要素を併せて考えるようにします。

たとえば、電話なら１分ですむ話を、１時間もかけてメールを書くのは非効率です。逆に、郵送された書類の到着のお礼だけなら電話ではなくメールで十分でしょう。

また、資料をメールで送った後に電話で説明する、対面で打ち合わせした後で決定事項をメールするなど、複数の手段を組み合わせることで、効率的なコミュニケーションができることもあります。自分が伝えたい内容、話し合いたい内容などによって、上手な組み合わせを選びましょう。

メールばかりに頼っていると
仕事がスムーズにいかないこともありますね

内容によっても手段が変わってきます

たとえば、お客さまから「自社商品の故障で業務に支障をきたしている」という連絡を受けたとします。

このような場合は**電話で正しく状況などを把握したうえで、すぐに上司に報告・相談し、判断を仰いで対応する必要があります。**そのうえで電話し、必要があれば技術者と共にすぐにお客さまのもとへ駆けつけるべきでしょう。急を要します。

万が一、ケガをしている人がいるなど深刻な事態なら、上司と共にお客さまのもとへ行くのが最優先になります。まずは電話して、電話がつながらない場合にはメールを送ったうえで相手のところへ急ぎましょう。

逆にもし簡単な処置で解決する不具合であれば、電話で対処策を説明し、その場で復旧することもあるでしょう。ウェブ会議システムやビデオ通話なら、状況を目で確認しながら進めることもできます。

このように、**コミュニケーションの内容によっても手段が変わってくる**わけです。

先ほどお電話しましたが、席を外していらっしゃるとのことで
メールにて失礼いたします。

このたびは弊社商品の不具合でご迷惑をおかけしております。
B1ユニット部品の破損が原因の可能性が考えられます。

14時15分頃、弊社技術サポートが貴社に伺います。
修理にかかる見込み時間は1時間前後です。
私もこれから貴社に向かいます。

相手の好みも考慮に入れます

相手がその手段に対応できるかどうか、好むかどうかもコミュニケーション手段を選ぶ際の判断要素です。電話が好きではない人、メールが見られない人など、特にお客さまであれば基本的に合わせるようにします。

ただし、最近はチャット・メッセージアプリの種類が増えました。相手の要望をすべて聞いていたら、多くのツールを利用しなければならず、確認に時間と手間がかかってしまいます。非効率ですし、セキュリティの問題もあります。

このような際には、社内の規定に従って、利用するツールを絞るようにしましょう。

以前は、急病で会社を休むときは会社宛てに電話するのがビジネスマナーとされていました。

しかし最近では、メールやチャットなどでの報告が許されている会社もあるようです。たしかに喉が痛くて声が出づらいときに無理して電話をするのもおかしな話。一方で、メールを書くのがつらいときは電話のほうが安心です。

いずれにしろ、会社によって許容される範囲に幅があります。あくまで会社のルールに従うのが原則です。会社への報告手段は、会社のルールで選択するようにしましょう。

Let's do it

**伝えたい内容や状況によって
最適な手段を選びましょう**

失敗例

怒りを伝えると
うまくいかなくなる

上手に催促する

第４位は「上手に催促する」です。
仕事で催促をする場面は意外と多いんですよ。

会話で「あれはできた？」と聞かれることはありますが、メールで催促はありますかね？

たとえば総務や経理から社内に「年末調整の資料を提出してください」と一斉メールを送ったりしますよね。そうすると、たいてい期限に未提出の人がいるので「年末調整の資料はいつになりますか」と催促したり、という場面はよくあると思います。

ああ。たしかに、うっかり忘れてしまうことがありますね。

返事をもらえないメールの返信を促すのも催促です。支払期日までに振り込まれていない、請求書を送ると言ったまま届いていないなど、さまざまな催促がありますよ。

大きなトラブルになりそうな催促もあるんですね。

待たされて、怒りの感情を抑えられずに催促してしまう人もいるんですよ。**怒りを表現しても、あまりいい結果にはならない**のですが。

怒らないと相手が動かないということはありませんか？

相手は大人で、仕事ですからね。正当な要求には動いてくれます。むしろ、怒りをぶつけることで相手が態度を硬くしてしまう可能性のほうが高いんです。

催促するときには、上手にしなければならないということですね。

仕事をスムーズに進めるため、成果を最大限にするため、**相手に「今動きたい」「動かないと損だ」「動かないとまずい」と思わせるのが秘訣です。**ケンカになってしまっては、仕事がうまくいくはずはありませんから。

自分の要求に対して、相手が動こうとしなかったり、期日を過ぎてしまったりすると、腹が立つ気持ちはわからないでもないです。

ただし、**その気持ちを怒りとして表現するのはNGです。**表現された怒りは、相手の怒りを呼び、互いに燃え上がってしまう可能性があります。

感情より事実を伝えます

そもそも、催促をするのは「送った企画書の採用・不採用の結果を知りたい」「見積書を送ってほしい」「代金を振り込んでほしい」「資料を郵送してほしい」など、相手に何らかのアクションを求めているときです。

求めたのに、期日どおりにそのアクションがなかったため、怒りの気持ちを抱えてしまいます。

であれば、**そのアクションを取りたくなるような催促メールを送るほうが得策です。**ケンカをすると逆効果で、相手の態度が硬化するおそれがあります。

4月末にお送りした請求書の入金が確認できておりません。
6月末がお支払い予定と伺っておりましたが、すでに7月です。

どうなっているのでしょうか。
たいへん困惑しております。
急ぎ確認して、すぐにお振り込みください。
お支払いのお約束が確実にできないのであれば、
弊社としても次のステップに進むことを検討しております。

「スプリングキャンペーン」では大変お世話になりました。
誠にありがとうございます。

さて、上記の案件におきまして
4月28日（金）付けで請求書をお送りいたしましたが、
7月3日（月）現在、ご入金が確認できておりません。

期限を過ぎておりますので、お支払手続きの状況について
ご連絡いただけませんでしょうか。

行き違いでお振り込みいただいておりましたら
失礼のほどご容赦ください。

念のためではございますが、
前回お送りした請求書を再度、添付いたしました。

■添付ファイル
スプリングキャンペーン請求書.pdf

ご不明な点がございましたら、お気軽に問いお合わせください。
お手数をおかけいたしますが、よろしくお願い申し上げます。

感情よりも事実にフォーカスしてまとめるのがコツです。「すでに請求書を送っていること」「現時点で入金が確認できないこと」は事実なので、この点を中心にします。

また、誤解やすれ違いの可能性もありますから「行き違いで〜」という一文を入れます。全体の印象を柔らかくすることもできます。冒頭に書いている業務への感謝の言葉も、柔らかさを加える効果があります。

今後のためにも、一方的に責められたと感じさせないことも大切なのか！

リマインドメールも催促メールの一種です

最近は「リマインド」という言葉がよく使われるようになり、リマインドメールも増えてきました。

リマインドは期日より前に、期日を思い出してもらうことで、**リマインドメールは思い出してもらうために送るメール**のことです。期日を過ぎてからする催促ではありませんが、催促メールの種類の一つと考えてよいでしょう。

リマインドメールは便利な反面、使い方によっては相手を不快にさせてしまうので注意が必要です。

便利な使い方は、研修やセミナー、健康診断などの前に「明日は11時から〇〇です」などと送るパターンです。**事務的なリマインドメールは、カレンダーの通知機能に近い印象があります。**

同じ内容でも、特別に送られてきたら、少しプレッシャーでしょう。事務的だから「そうだったな。たしか持ち物は……」と気軽に目を通せるメールになります。

同じパターンでも、**おすすめできないのが対象外の人にも送られるリマインドメールです。**たとえば総務部から社内に送信される「提出書類の締め切りは明日までです」というメールが、すでに提出した人にも届いてしまうことがあります。

単純に、提出ずみと未提出の人を分ける手間を省きたいために全員に送るのでしょうが、提出ずみの人は不快感を抱くかもしれません。

提出ずみの人の中には「あれ、まだ出していなかったか」と再提出する人もいて、余計な混乱を招く可能性もあります。

だんだん総務部からのメールに対する信頼感が薄れてしまうでしょう。これは避けたい事態です。

もうひとつは、仕事の締め切りの前日に「明日はお約束の日ですが､大丈夫でしょうか」などとリマインドするケースです。相手がきちんとしたタイプだと「信用されていないんだな」と**不快にさせてしまうかもしれません。**

ただし相手のタイプによるので、絶対にダメというわけでもなく、むずかしいところです。コミュニケーションの正解は、相手が決めるもの。なかには「常に気にかけて声をかけてほしい」人もいます。相手を見てコミュニケーションをとりましょう。

不快感を持たれないためには、締め切りよりだいぶ早い段階で途中経過をそれとなく尋ねるくらいにします。たとえば１週間、１カ月前に「不明点はございますか」「何かお手伝いできることはありますか」などとメールする程度です。

また「○○の資料が見つかりましたので、参考になればとお送りします」などと、自然な会話で進捗状況を確認する方法もよいかもしれません。

Let's do it

相手が動きやすい言い回しで、望ましい行動を促しましょう

根回しと誠意を尽くす

自分の都合だけを考えたお願いには、私もたまに悩まされることがありますよ。

たとえばどんなことですか？

私も起業して間もない頃は、夜中の2時に電話がかかってきて「ホームページを今すぐ修正して」とお願いされることもありましたね。

ええっ!?　嘘みたいな、ひどい話！
そのお願いは聞いてあげたのですか？

当時は聞いてしまったんですよ。
それが何度か続いて、結局取引をお断りすることになりましたが。もちろん、今はそんなお願いは

聞きませんよ。

そんなこともあるんですねえ。

これは極端な例ですが、程度の差はあれど、**相手の都合を考慮しない人はたまにいます。**

休み直前に依頼して、休み明けに納期を指定するという話はたまに聞きますね。

お金の話も多いです。作業が終わってから「いくらで」と一方的に提示されるのは困りますね。

逆のパターンもありますよね。先に予算を告げられていたのにどんどん工数が増えてしまう。

そうなんですよ。途中で「これは別料金です」と伝える必要があります。追加作業を無料で請け負うときにも「今回はサービスですよ」ときちんと言わないと、次から当たり前になってしまいます。

釘を刺すわけですね。

互いに気持ちよく仕事ができるように「聞くべきところは聞き、言うべきことは言う」のが大切ですね。交渉もコミュニケーションのうち。対等なコミュニケーションを心がけましょう。

仕事ですから、時には無理が求められる場面はあります。困難を乗り越えて、仕事仲間と喜び合うのは最高の瞬間です。

ただし、**むずかしいお願いほど、相手への配慮が大切です。**自分の都合を押しつけるだけでは、相手は不快に思います。コミュニケーションがうまくいきません。

根回しもコミュニケーションのうちです

たとえば納期が厳しいプロジェクトを依頼する場合を考えてみましょう。スケジュールを立ててみたら「３連休に稼働しないとむずかしい」ということがわかったとします。

通常、スケジュールの連絡は、本文に箇条書きにするか、Excelで作成したスケジュール表を添付ファイルで送るかというケースが多いでしょう。

ただし、この方法で厳しいスケジュールを送るのは、相手への配慮が足りません。

このような**むずかしいお願いをする際のポイントは「相手の都合を考慮すること」「早い段階で根回しすること」**です。

そもそも、相手は３連休にすでに予定を入れており、仕事ができない可能性があります。他の仕事の予定が入っているかもしれません。

それなのにスケジュール表を送りつけられたら「自分勝手だ」と不快に感じるはずです。

早いうちに「３連休に業務にあたってもらうことは可能ですか？」と確認し、根回しする必要があります。

今回のプロジェクトは厳しい納期になっております。
大変申し上げづらいお願いですが、
10月の3連休（7日・8日・9日）に弊社で
作業にあたっていただくことは可能でしょうか。

根回しは早ければ早いほどよいので、できればプロジェクトを依頼する最初の段階で行うようにしましょう。

「大変申し上げづらいお願いですが」は「大変申し上げにくいのですが」「誠に勝手ながら弊社の希望を申し上げますと」「大変恐縮ですが」などのフレーズに言い換えることができます。

むずかしいお願いは早めに伝えておくのがベストです。しかし、どうしても突発的に厳しい依頼をしなければならない状況になることがあります。

このようなときには、ていねいに背景を説明するようにしましょう。「どうしてそのような状況になってしまったのか」「その依頼が必要な理由」など、むずかしいお願いをするに至った経緯に納得感があれば、協力を得られる可能性があります。気持ちを直接伝えるためメールより電話や対面のほうが理解を得やすい場合もあるので手段の選択にも気を配ります。

もちろん、協力をしてもらったら感謝の言葉を忘れずに。引き受けてくれた恩を大切にしましょう。

Let's do it

相手の都合を考慮して、早い段階で伝えましょう

クッション言葉を使いこなそう

**ビジネスシーンではクッション言葉を使う場面が多くあります。
ストレートに表現すると角が立つ場合など、クッション言葉をはさむと印象を柔らかくする効果があるので便利です。
代表的なものをいくつかインプットしておきましょう。**

クッションは、イスに座る際にお尻の下や背中にあてがう弾力のあるざぶとん、緩衝材のことです。固いイスは長時間座っているとお尻や腰が疲れてきますが、クッションがあると柔らかく支えてくれるので楽になります。

クッション言葉も同じです。ストレートに表現しづらい話の文頭につけることで、印象を柔らげてくれる効果があります。相手に何かを依頼するとき、尋ねるとき、反論するとき、断るときなどには不可欠と言えるでしょう。

どんな内容であれ、人に何かをお願いするときには、相手に手間をかけてもらうことになります。送信したメールに目を通してもらうだけでも、相手の時間を使わせています。

だからこそ、大切なのが「お手数をおかけしますが」「お忙しいところ恐れ入りますが」という気持ちです。クッション言葉はこの気持ちを表現したものと言うこともできます。つまり、相手の都合に配慮した言葉がクッション言葉です。

クッション言葉は数多くありますので、すべてを覚える必要はありません。ただし、伝えたい内容に応じて適切なクッション言葉を選べるよう、場面別にいくつかインプットしておくことが大切です。

たとえば「恐縮ですが」の恐縮には、恥ずかしさ、申し訳なさのニュアンスがあるので、ちょっとしたことで使うのは少々、大げさな感じがします。普段から「恐縮」を使っていると、本当に申し訳ないときに使う言葉がなくなってしまいます。

ちょっとしたお願いごとなら「お手数をおかけしますが」でよいでしょう。一方で、自社のミスで再度お願いする際には「大変恐縮ですが」などと使い分けるわけです。

◎クッション言葉の例

お願い・依頼するとき	・お手数ですが ・お手数をおかけいたしますが ・お忙しいところ申し訳ございませんが ・ご面倒をおかけいたしますが ・もしよろしければ ・恐れ入りますが ・申し訳ございませんが ・お差し支えなければ ・ひとつお願いしたいことがございまして ・（打ち合わせや相談を持ちかけるとき）お時間をいただき恐縮ですが ・（急に話を持ちかけるとき）突然のお願いで恐れ入りますが ・（急に話を持ちかけるとき）差し迫ってのことで恐れ入りますが ・（何度目かのお願いのとき）たびたびお手数をおかけして恐縮ですが ・（お願いの内容が簡単でないとき）厚かましいお願いではございますが
断るとき	・ありがたいお話ではございますが ・せっかくのお話ですが ・身にあまるお話ではありますが ・大変心苦しいのですが ・検討を重ねましたが ・まことに不本意ではございますが
抗議や反論をするとき	・おっしゃるとおりでございますが ・細かいことで恐縮ですが ・申し上げにくいのですが ・私の考えすぎかもしれませんが ・余計なこととは存じますが ・差し出がましいようですが

RANKING
第6位
第10位

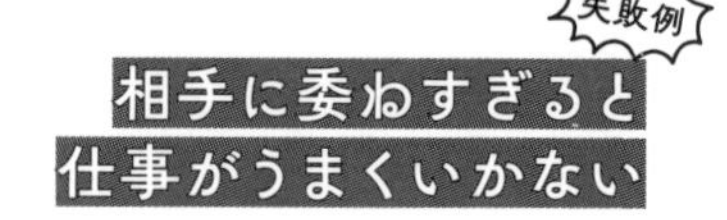

依頼のときは条件と幅を提示する

相手に委ねすぎると仕事がうまくいきません。
委ねすぎると、無責任に映ったり、考えることを放棄していると誤解されたりします。自分の評価も下がりますし、相手も不快でしょう。

「任せます」と言いながら、後になってあちこち口を出してくる人もいますよね。

不快感は余計に増してしまいますよね。
もちろん、相手の意見や方法論、手法を尊重しようと、仕事を任せることはいいんです。
相手を不快にさせるのは、任せ方に問題があります。**完全に委ねるのではなく、ある程度の幅で任せる**とよいでしょう。

任せきりで想像どおりのものはできません

仕事を任せるのは「経験が豊富な人への配慮」か「部下や後輩など経験が少ない人の育成」か、どちらかの目的が多いのではないでしょうか。

経験が豊富な人は、自分なりのアイデアや意見、やり方などがあります。その経験を尊重して「任せる」と相手に委ねるわけです。

経験が少ない人には、経験を積ませる必要があります。任せるのは育成には有効な方法ですし、信頼しているからできることでしょう。

ただし、このどちらも、**完全に委ねてしまうと問題が起きます。**こちらの想定どおりに上がってこなかったときです。たとえばMicrosoft Wordで作ってほしかった書類をMicrosoft PowerPointで作っていたり、上がったデザインがイメージしていたものと全然違っていたりします。

むしろ、完全に委ねて自分の想定どおりに仕上がることのほうが少ないでしょう。

だからといって、後からあれこれと口を出すと、任せた意味もありません。任された人は「任せたくせに、あれこれ文句ばかり言うな」「自分は全然頭を使わないくせに、こちらが一生懸命に考えたものにはダメ出しする」と不快感を覚えてしまいます。相手に配慮して任せたつもりが、逆効果になってしまうのです。

これも、コミュニケーションのすれ違いです。

任せる際には、ある程度の幅を持たせるのがポイントです。その幅の中で任せれば、相手は考えやすくなりますし、任せるほうも「イメージとまったく違っていた」という事態を防ぐことができます。

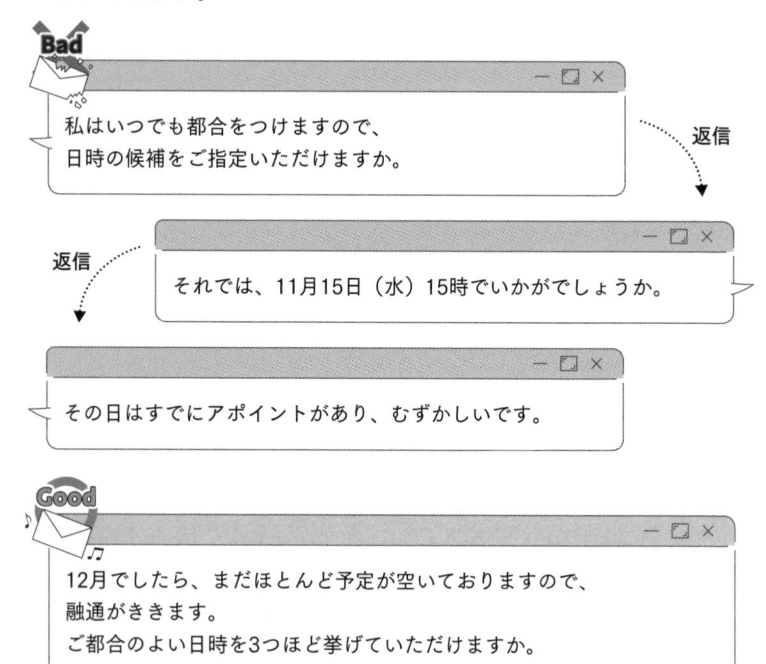

このように、ある程度の幅を持たせれば、やりとりの無駄を省くこともできます。

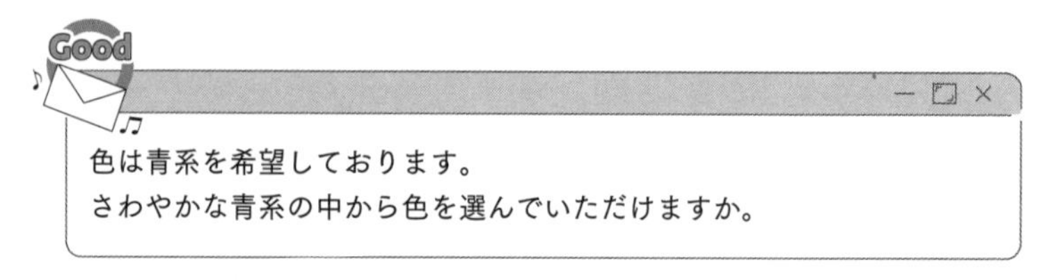

ソフトはMicrosoft wordで、全12ページで作成してください。
昨年の6月に行った「雨の日キャンペーン」のパンフレットと
同様の内容でよいかと思います。
参考にしてください。
構成についてはお任せいたします。

自分が仕事を任される立場の場合で、指示内容が明確でないときには、こちらから相手が想定している幅を確認しましょう。「色は青系でよいでしょうか」「参考になる資料はありますか」など質問して絞り込んでいきます。

それでも相手が持っているイメージが見えてこない場合には、少し着手した状況で「このようなイメージでよいでしょうか」と方向性を確認します。

書類作成なら構成、デザインなら全体のイメージ、近い資料や他社事例などを提示する方法があります。細かく進捗報告しながら相談しておくことで、かえってやりとりの手間を減らすことができます。

Let's do it

ある程度の幅、条件を定めて互いのイメージを共有しましょう

失敗例

いつも同じ挨拶をしてしまう

挨拶を場面に合わせる

第７位は「挨拶を場面に合わせる」です。
相手に失礼というより、違和感を与えてしまう原因ですね。
実際に人と会ったときは、その時々で自然と挨拶のフレーズを変えますよね。そのわりに、メールはお決まりの「お世話になっております」だけの人が多いようです。

挨拶だからこそ、場面に合わせるとも言えますね。

まさしく。ビジネス文書のような定型文より、メールでは肩に力の入らない、自然体の挨拶のほうがしっくりきます。
相手のこと、その場の状況をわかっていれば、自然と出てくるはずですよ。

基本フレーズはインプットしましょう

ビジネスメールの初めの挨拶は「お世話になっております」が基本です。社内の人へのメールなら「お疲れ様です」が多いでしょう。

多くの場合は、このお決まりフレーズで問題はありません。

ただし、**少しイレギュラーな場面にあるときは、その場面に挨拶を合わせるほうが自然です。**

たとえば以前にお世話になった人と久しぶりに会ったとき、誰もが**「ご無沙汰しております」「お久しぶりです」**と自然と出てくるのではないでしょうか。**「その節は本当にお世話になりました。ありがとうございます」**などと続け、近況を報告するのが会話の流れでしょう。

ビジネスメールはビジネス文書よりも電話や対面の会話に近いツールです。そのため、久しぶりの人にメールをする際の挨拶フレーズは「ご無沙汰しております」が自然に感じます。

他にも、たとえば前日に対面で打ち合わせをした場合には**「昨日はお忙しいところお時間をいただきありがとうございました」**などが自然でしょう。

連続してメールをする際などは**「立て続けのメールにて失礼します」**というフレーズが便利です。

挨拶の基本フレーズをいくつかインプットしたうえで、あとは自然と出てくるその場面にふさわしい挨拶の言葉をつかえば違和感を解消できるはずです。主な基本フレーズは次のとおりです。

文頭の挨拶	【社外】 お世話になっております。 いつも大変お世話になっております。 お世話になります。 いつも中野店をご利用いただきありがとうございます。 大変ご無沙汰しております。 立て続けのメールにて失礼します。 昨日はお忙しいところお時間をいただき、誠にありがとうございました。 先日は遅くまでお付き合いいただき、ありがとうございます。 先ほどはお電話をいただきありがとうございます。 先ほどお電話いたしましたが、ご不在のようでしたのでメールにて失礼いたします。
	【社内】 お疲れ様です。 おはようございます。
結びの挨拶	よろしくお願いいたします。 引き続きどうぞよろしくお願いします。 今後ともよろしくお願いいたします。 ご確認よろしくお願いいたします。 ご対応よろしくお願いいたします。 ご検討よろしくお願いします。 お手間をおかけしますが、ご確認よろしくお願いします。 お手数をおかけして恐縮ですが、よろしくお願いします。 ご返信いただきますようお願い申し上げます。 以上よろしくお願いします。

メールは電話に近いツールですから、通常の挨拶フレーズは電話と似たようなシンプルなものでかまいません。

ただし、最近は会社の式典の招待状、引っ越しの案内状や役員交代の挨拶状など、以前は２つ折りカードに印刷し、封筒に入れて郵送していたフォーマルな内容をメールで送ることも増えてきました。

このような場合には、メールの書き方もビジネス文書の書式にならってもよいでしょう。挨拶文も「平素よりお世話になっております。皆様におかれましては、ますますご清栄のこととお喜び申し上げます」などと、いわゆるビジネス文書のような堅めの表現にします。

言い回しのフレーズや漢字の表記なども、ビジネス文書と同じと考えてよいでしょう。

Let's do it

相手との関係、場面にふさわしい挨拶をしましょう

相手との関係性を伝える

仕事では、会ったことのない相手にメールを送ることがあります。
そう珍しいことではありませんが、慎重に送るようにしましょう。知らない相手からメールが来ると、どうしても怪しんでしまうところがあるからです。

迷惑メールや営業の一斉メールと誤解される可能性がある、ということですね。

怪しまれたら、最悪の場合、ろくに読まずに削除されかねません。
この事態を避けるため、ちゃんと読んでもらえるポイントがあるので紹介しましょう。

メールをした経緯を説明します

メールの書き出しは、❶宛名、❷挨拶、❸名乗り、❹要旨…という型になります(54ページ)。会ったことのない相手にメールを送る際は、**❷の挨拶で「初めてメールを送ること」を伝えるようにします。また、❷〜❹の中で「相手との接点」を加える**のもポイントです。

次のように並べるのが一般的ですが、文章の構成で順番が前後するのは問題ありません。

❷挨拶（初めてメールを送ること）
❸名乗り（自己紹介）
★追加★相手との接点
❹要旨（メールを送る理由や目的）

初めてメールをお送りします。
学アイ商事の立石と申します。

現在、弊社はホームページのリニューアルを検討しており、
貴社の実績を拝見してメールいたしました。

学アイ商事の立石と申します。
キサット株式会社の吉田様よりご紹介いただき、
メールをお送りしております。

吉田様より、中村様が商船会社を探されていると伺いました。

貴社ホームページを拝見し、初めてメールをお送りします。
学アイ商事の立石と申します。

弊社では新しい形のイヤホン試作品の制作を検討しております。
貴社のホームページで紹介されていた金型技術であれば
複雑な形状の実現が可能ではないかとメールした次第です。

◎自分を認識しているか不明の相手へのメール

久しぶりに会う人や、一度会っただけの人など、親しい間柄ではない相手に出すメールも、初めてのメールとして慎重に送ります。

昨年8月13日に行われた勉強会で名刺交換させていただいた
学アイ商事の立石です。
その節は本当にお世話になりました。

突然ですが、弊社の会社案内に武田様のインタビューを
掲載させていただけないかとメールした次第です。

◎会社として付き合いがあるけれど、自分は面識のない相手へのメール

初めてメールをお送りします。
学アイ商事の立石と申します。

いつも弊社の松本がお世話になっており、ありがとうございます。

今回、ご協力いただきましたPCリモコンについて
取扱説明ページの作成を私が担当することになりメールいたしました。

会社の他の担当者がお世話になっていることへのお礼に加えて、自分は初めてメールすること、連絡した経緯を書きます。

初めてのメールであることを伝えず、いきなり用件に入ってしまうと、読み手は「前に会ったことがある人だろうか？」と自分の記憶を疑ってしまうでしょう。履歴を確認するためにメールを検索するなど、無駄な手間をかけさせてしまいます。

相手がどうしたら楽にメールを読めるかを考えて、特に冒頭の部分に気を配りましょう。

不信感を持ってしまうメールの代表的なものは、営業の一斉メールです。たとえば、宛名が「ご担当者様」となっていたら、自分を認識していない一斉送信メールだと判断されやすくなります。

「前回もご連絡させていただきましたが」と挨拶しているのに初めてのメールであることや、またその逆もあります。こちらに仕事を依頼したいような文章なので、返信をすると、実は自社のサービスの勧誘であるたちの悪いケースもあります。

このような営業活動は、結局、自社のイメージを下げることにつながってしまいます。注意してください。

ちなみに、はつらつさを演出しようと、突然「こんにちは！」などという挨拶で始めると、迷惑メールと誤解される可能性が高くなるので避けましょう。

Let's do it

自分と相手の関係を伝えて相手のバリアを取り払いましょう

第9位

質問の回答が漏れてしまう

質問には
すべて回答する

質問の回答が漏れていると、業務を滞らせる可能性がありますね。おまけに「メールを最後まで読まない人」と思われる可能性があります。避けたいですね。

途中で読むのをやめる人はあまりいませんよね。
回答を忘れてしまうのでしょうか？

そうですね。
ただしこれは、相手に100％責任があるかというと、むずかしい面もあります。起きやすい状況があるんです。
たとえば1通のメールに複数の質問がずらりと並んでいると、ヌケ・モレが起きやすいんですよ。
質問の仕方も、回答の仕方も工夫が必要です。

ヌケ・モレが出づらい方法で返信します

メールは1通に1用件が原則です。

同じ1つの案件でも、別の分野の質問は分けて送ったほうがわかりやすくなります。たとえば開発中の商品の「パッケージ」についての質問で1通、「素材」についての質問で1通などと分ける方法があります。

案件や分野に分けても、複数の質問事項が出てくることもあります。それを1問ずつメールを分けるのは、あまりにも通数が多すぎて煩雑になります。

メールの用件をわかりやすくすることと、通数を減らすことの2つのバランスを見ながら、分けるようにしましょう。これが、質問者の責任です。

1通のメールに複数の質問が書かれていると、どうしても「回答のヌケ・モレ」が起きやすくなります。ヌケ・モレが起きたら、質問の仕方がわかりづらかった可能性があるのです。

一方で、回答者にも工夫が必要です。その1つが**「全文引用ではなく、部分引用で返信する」**方法です。

◎全文引用

全文引用は、**相手のメール文の上に自分の回答をまとめて書く方式です。**質問内容が多いときは、全文引用だと見落としが増えてしまいがちです。

全文引用のメリットは、やりとりの記録が残ることです。社内で業務を引き継ぐ際などは、最新のメールを転送するだけでそれまでの流れを共有できます。

当日の接客スタッフは営業部8名、広報部4名です。
会場の案内や接客の補助として、
展示会の特別研修を受けた社外スタッフ18名が決定しております。
配置図を添付いたしますのでご確認ください。

当日のスケジュールは来週5日（火）に決定する予定ですので、
改めてお送りします。

私は配置図A5エリアを中心に、全体を回る予定です。

>当日のスタッフの構成を教えてください。
>また、スタッフ配置については決まりましたか。
>配置図とタイムスケジュールがございましたら
>送っていただけると助かります。
>吉田様は当日はどちらにいらっしゃいますか。

◎部分引用

一方、**部分引用は、相手のメール文の間に自分の回答を差し込む方式です。**一問一答形式になりますので、部分引用のほうがヌケ・モレが少なくなります。

さらに、部分引用は書くスピードが速くなるメリットもあります。相手が書いた文章を利用しながら書けるからです。

当然のことですが、一問一答形式にして返信するとしても、タイミングが合わなくて答えられない質問、調べなければわからない質問などもあります。

すぐに答えられない質問は、いつ回答するかを伝え、期限までに改めて返信するようにしてください。

>当日のスタッフの構成を教えてください。

当日の接客スタッフは営業部8名、広報部4名です。
会場の案内や接客の補助として、
展示会の特別研修を受けた社外スタッフ18名が決定しております。

>また、スタッフ配置については決まりましたか。
>配置図とタイムスケジュールがございましたら
>送っていただけると助かります。

配置図を添付いたしますのでご確認ください。
当日のスケジュールは来週5日（火）に決定する予定ですので、
改めてお送りします。

>吉田様は当日はどちらにいらっしゃいますか。

私は配置図A5エリアを中心に、全体を回る予定です。

Let's do it

質問が多い場合には部分引用で返信しましょう

第10位

やりとりがエンドレスになる

儀礼的なラリーはしない

やりとりがエンドレスになると、相手を困惑させてしまいます。
基本的にはコミュニケーションもスピーディに終わらせたほうがよいので、**1つの用件に関してのやりとり回数は少なくすむように工夫したい**ものです。

あまりにラリーが多すぎると、自分も負担だし、相手にも負担をかけてしまうということですね。

特に営業の人たちの中には「必ず自分が終わらせる」のがマナーと思っている人もいて、用件はすんでいるのに、最後の返信をしたがる人もいますね。実際は、時と場合によるのですが。

儀礼的なやりとりを続けるのは不毛です

メールをどこで終わらせればいいのか迷う人も多いようです。地位や年齢などが下の人が終わらせるのは自然な考え方です。「相手が返信してきたら自分も必ず返信して、自分がコミュニケーションを終わらせる」という心構えは悪いことではありません。

ただし、立場にかかわらず、相手も同じ考えのこともあります。こうなると、なかなかメールが終わりません。

意味のある会話、話し合いなどならキャッチボールが続いてもよいのですが、ただの儀礼的なラリーは必要ありません。相手を疲れさせる可能性もあるので避けましょう。

たとえば以下は、提案が見送りになったことを連絡するメールです。

今回はお力になれず申し訳ございませんでした。

こちらこそ力不足で申し訳ございません。
また何かございましたらお気軽にお声がけください。

Bad

こちらこそ、次回の提案もお待ちしております。

連絡する事項を伝えたという意味で、1通目で用件は完了しています。この1通目で終わってもいいのですが、次回の商談の機会のためにも、「また何かございましたら～」と返信しました。そこでさらに返信が来るとエンドレスです。
この場合、１通目、もしくは返信の２通目で終わらせるほうがよいでしょう。
極端なケースでは、「それではよろしくお願いします」と用件が終わっているのに、「こちらこそよろしくお願いします」と返信して、さらに「いえいえこちらこそ……」と続くことすらあります。

なかなかメールが終わらない理由は、やはり「終わりは自分でなければ」と思い込んでいるところにあります。また、来たメールには返信しなければ気がすまないタイプの人もいるようです。
もし相手がそういうタイプの人だとしたら、**メールの結びの挨拶を「今後ともどうぞよろしくお願いします」にする**とよいでしょう。今回のコミュニケーションはここで終わり、と締めるニュアンスを持つ言葉です。仮に返信があっても、それ以上やりとりを続ける必要はありません。
逆に、自分が受信したメールにこのような締めの挨拶があれば、それ以上は返信しないようにします。

動作の主体をしっかり決めましょう

たとえば「日程を決める」場合、会話やチャットならば多少言葉のラリーがあってもその場で決めやすいでしょう。
「日程を決めたほうがいいですよね」
「そうですね。決めましょう」
「いつにしましょうか」

「そうですね。再来週あたりのご予定はどうですか」

などと、少しずつ互いの予定をすり合わせやすいはずです。

ところが、このラリーをメールでやると、通数が増えてしまいます。なるべく通数を減らすため、動作や状態の主体を明確にしましょう。先の日程を決める場合、自分から候補日を提案するか、相手から出してもらうようお願いします。

次回の訪問日程を決めたほうがよいかと思いますので、
日時の候補を以下に挙げました。
いずれかご都合のよい日時をご指定ください。

■6月1日（木）14:00〜15:00
■6月5日（月）9:00〜10:00
■6月6日（火）17:00〜18:00

ご都合が悪いようでしたら、2〜3候補をいただければ調整いたします。

次回の訪問日程を決めたほうがよいかと思います。
来週以降で1時間ほど、ご都合のよい日時を2〜3
ご提示いただけないでしょうか。

Let's do it

終わりのサインを見逃さないのも大切です

メールの未来とその重要性

**最近は、パソコン、スマホ、タブレットとメールができるデバイスが増えています。また、チャットができるソフトウェアの種類も多くなりました。
そのため、メールでのコミュニケーションを軽視する人もいるようですが、メールを学ぶことの意義は変わりません。**

コロナ禍で普及したものの一つにチャットツールがあります。Microsoft Teams、Slack、Chatwork などを導入して、社内のやりとりは会社が指定するチャットツールで行うようになったところも多いでしょう。社外の人とこれらチャットツールや SNS を通してコミュニケーションをとることも増えてきました。

そのためか、「うちの会社は最近〇〇を使っているので、メールを学ぶ必要はないですね」などと言われることがあります。

チャットは会話のようにポンポンと言葉を交わしながらコミュニケーションを進めていきます。その意味で、メールの書き方とは異なる点もあります。

ただし、文章によるコミュニケーションという意味では、チャットもメールも同じです。メールが上手な人はチャットも上手な傾向があります。

メールの書き方を学ぶこと、伝わる文章の書き方を学ぶことは決して価値のないことではありません。もちろん、時代に遅れることでもありません。メールの書き方、文章の書き方は、この先、長く使えるスキルです。

コミュニケーション手段をチャットだけに依存すると、リスクもあります。メールは世界中ほとんどの会社に送れるというのが最大のメリットです。

対して、チャットは、別のサービス同士でやりとりすることはできません。そのなかの1つのツールだけが世界中の人に使われる、という状況にはならないでしょう。

チャットはあくまで民間の1企業が提供するサービスですから、1つのサービスに集約されると独占禁止法などに抵触する可能性があります。そのため、**チャットツールの乱立は続く**と考えられるわけです。これらからも、新しいチャットサービスは生まれ、不便なものは廃れ、という状況は変わらないのではないでしょうか。

そのため、あちこちの企業やお客さまとやりとりをする会社などは、チャットツールではまかないきれない範囲が生まれてしまいます。結局、大多数の人とやりとりができるメールを使うことになるでしょう。

たとえるなら、チャットは島で使えるツール、メールは全世界で使えるツールなのです。

◎メールは変化しながら時代に対応していく

たとえば、現在のメールでは、❶宛名、❷挨拶から書き出すのが礼儀と感じる人がほとんどです（54ページ）。これは、もとは手紙の文化から来ています。メールがビジネスで使われ始めた当初は、ビジネス文書のようにもっと固い言い回しを使うこともありました。

それがだんだんと電話に近づいてきて、相手や話題によっては多少カジュアルな表現も許されるようになっています。メールのルール・マナーは時代と共に変化してきたわけです。

チャットの普及は、メールのカジュアル化をさらに推し進めるかもしれません。**近未来のメールが、チャットのような書き方・使い方に近づいていく可能性**を感じています。

面識のない相手に送るメール、初めてのお客さまとのメールなどは別ですが、多少、親しい仲ならチャットのようなひと言メッセージが許容される世界がやってくるでしょう。

多くの人が宛名なし、挨拶なしのメール、用件をあっさり書いただけのメールを許容する時代が来たら、そのときはまたメールのルールも変わっていくでしょう。時代と共に変化を続けるのがメールの書き方とも言えます。

RANKING
第11位
〜
第15位

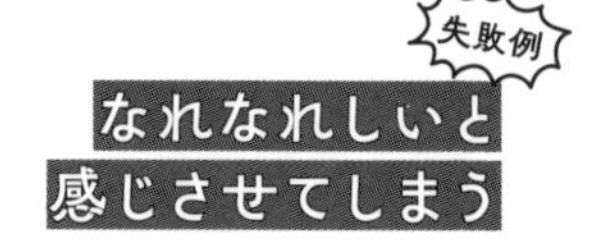

距離感をはかる

やりとりを重ねるごとに少しずつ距離が縮まるのは自然なことです。ただ、意図的に距離を詰めたり、急速に近づくと拒否されるかもしれません。

なれなれしいと不快にさせるんですね。

言葉づかいと話題に注意しましょう

相手と親しくなろうとすると、空回りすることがあります。かえって不快感を与えかねないので、無理はしないようにしましょう。

特に「言葉づかいが過度にカジュアル」だったり「話題が不適切」だったりすると、違和感を覚えます。

言葉づかいについては、相手との関係性によって、フォーマルとカジュアルをエッセンスで加える程度にしましょう。たとえば「大変」を「とても」、もしくは「とっても」にするだけでくだけた印象になります。

ただし、**打ち解けるためだけに言葉づかいを崩すのはナンセンスです。**あくまで相手との関係性があってこその崩しであることが大切です。

また、言葉の選択によっては、上から目線に見えることもあるので注意が必要です。

話題のチョイスにも気を配ります。たとえば、打ち合わせの前は軽く雑談をするのが一般的です。このとき、まだ知り合って間もない仕事関係者なら、季節や天気のこと、相手の会社のことなど軽い話題が適切でしょう。

プライベートな話も場を温め、リラックスさせる効果があります。だからといって、いきなり深刻なプライベートの相談をすると、ギョッとされてしまいます。釣りやスポーツ観戦といった趣味や学生時代の部活など、サラッと交わせる話題から始めるのが一般的です。

メールでも同様で、**２〜３行くらいの軽い雑談は効果的ですが、長々と自分の話を書いたり、深刻な話題を持ち出したりするのは避けましょう。**話題は、返事を求めないようなものを選びます。天気のことや、体調を気づかう言葉など、挨拶にプラスアルファする程度が目安です。

Let's do it

無理に近づこうとせず、ほどよいコミュニケーションを心がけます

マメに感謝を伝える

必要最低限のことが書かれていたら仕事は進みますが、それだけだと「冷たい人」という印象になってしまいます。

メールで性格のイメージまで伝わるんですね！

感謝の言葉で温かい関係を築きましょう

たとえば「希望の色は白ですか、黒ですか」と聞いて、「黒です」と回答があれば、仕事上でのやりとりは成立しています。無駄のない、必要最低限のやりとりです。業務を進めることはできるでしょう。

ただ、このようなやりとりだけを続けていると「冷たい人」と思われてしまう可能性があります。そのような印象を与えれば、ギスギスした雰囲気になってしまいます。信頼関係を築いたほうが互いに気持ちよく仕事ができるはずです。

そのために有効なのが、感謝を伝えることです。**相手の動作**

に対してお礼を伝えられる人は意外と少ないため、いつものメールにひと言付け加えるだけでもグンと印象がよくなります。

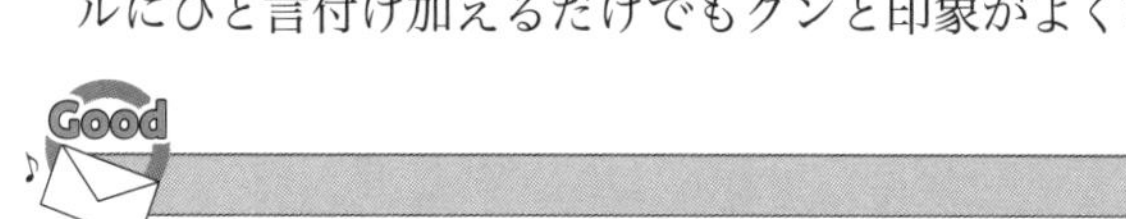

さっそく資料をお送りいただきありがとうございます。
いつも迅速に対応していただき、感謝しております。

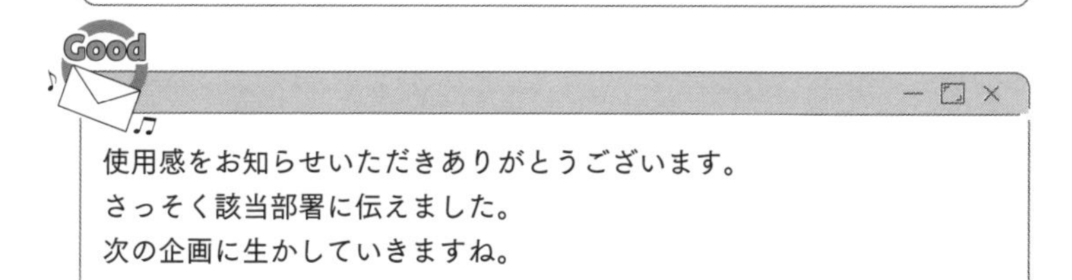

動作に対するお礼ですから、自社サービスを「解約する」という残念な連絡の際にも「解約を受け付けた」という連絡事項だけではなく、お礼を加えることで、自社のイメージが保たれるはずです。

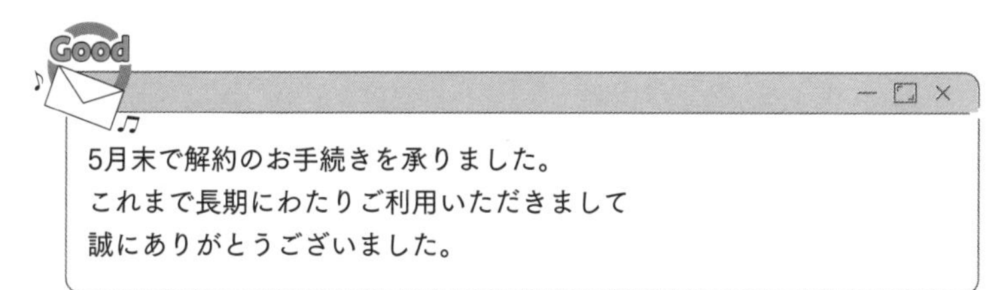

Let's do it

日頃から感謝を表現すると信頼関係が築けます

失敗例

心がこもっていないと
言われがち

自分の言葉で伝える

心がこもっていないと嫌がられるのは、人柄を感じないからですね。逆に言うと、温かい人柄を感じさせられると好感度が高くなります。

好感度上げたいです！

ていねいだからよいわけでもないんです

「心がこもっていない」と感じさせるのは、冷たい印象を与えるメールだけではありません。過剰にていねいなメールも人間味を感じず、心がこもっていない印象を与えます。

お客さまセンターの担当者と電話で話をしていて、完璧な敬語、ていねいな言い回しなのに、なんとなく印象がよくないと感じた経験はないでしょうか。完璧な分、逆に違和感を与えてしまうことがあるわけです。

理想的なのは、言葉づかいも文章も相手や状況によってモードを切りかえられることです。たとえばメールの印象を「ていねい」「普通」「あっさり」に分けたとき、その3つのモードを書き分けられると、コミュニケーションが楽になります。

それぞれ、どういうときにどのモードにするか判断する力、そしてそれを表現する力も、コミュニケーション能力に含まれます。

たとえばお礼の言葉や体調を気づかう言葉を書いても、それが定型文のような印象を持たれると逆効果です。違和感を与えてしまいます。

注文を受けたら、お礼のテンプレートメールに、自分の言葉をひと言加える。普段からやりとりしている取引先の担当者には、気づかいのひと声をかける。寄り添って、相手を思う気持ちを表現してみる。

「先日のパンフレットはお客さまにも大好評です」「いつも細かい点に気づいていただき助かっております」など、相手の仕事へのリスペクトを添えるのもおすすめです。

ちょっとしたことで、温かみのあるメールにすることができます。

Let's do it

テンプレートに自分の言葉を加えて温かいメールにしましょう

記号は△(サンカク) 顔文字は×(バツ)

記号や顔文字、絵文字は、人によって受ける印象がまったく違います。よい意味で使っていても、相手が悪く受け取る可能性があるので注意です。

意図と正反対に伝わると怖いですね。

人によって驚くほど解釈が違います

友人同士のコミュニケーションなら、ふわっとしたニュアンスが伝わればいいと思います。たとえばチャットのスタンプ機能でやりとりしても、互いのことをよく知る関係同士なら伝わるものがあるでしょう。

これが仕事の場合、たとえば部下が提出した企画書に上司が喜んでいる犬のスタンプで返したらどうでしょう。イエスかノーか、修正点があるのかないのか、上司の意図が見えません。対応してくれたことのねぎらいを表現しているのかもしれません。

他にも、元気いっぱいを表現しようと、文末にやたら「！」をつける若手社会人がいます。しかし「元気いっぱい」だと感じるのは自分だけかもしれません。同じ「！」でも、軽薄な印象を持つ人もいれば、押しつけがましいと感じる人もいるわけです。

記号ですら人によって印象が違うのですから、顔文字や絵文字になると、さらに解釈はバラバラになります。そのため、記号は「使いすぎない」のが基本、絵文字や顔文字は「使わない」ほうが無難という結論になります。使うとしたら相手が使うことをよしとしていて、意図が正しく伝わると確信があるときだけです。

社内チャットで同僚と雑談する程度であれば、スタンプや顔文字でやりとりをするのもよいでしょう。ただ、社内で妙なルールが増えたり「あの人はスタンプをつけないからつまらない」などと評価される風潮になるようなら、コミュニケーションを円滑にするとは言えません。

スタンプや顔文字は使いたい人同士、使ってもいいという共通の認識があるときに使うのが一番です。

Let's do it

記号は使いすぎないこと、顔文字や絵文字は使わないのが基本です

背景の説明は後に

先に背景を説明しすぎると「くどい」と不快にさせてしまいます。背景を共有したいときにも、先に用件を伝えるのが大切です。

ついつい背景から入りがちですね。

相手がアクションを起こしやすくする

あるメーカーの社長から、役員のメールを見てほしいという依頼を受けたことがあります。特徴的だったのは、ほとんどのメールの書き出しが言い訳だったことです。

「台風が〜〜〜で、工場で〜〜〜といった被害が出て、〜〜〜といった事前対応をして万全を期していたつもりでしたが〜〜〜」などです。実際にはどんな被害があったか、事前対応がどうだったかなど詳細に書き連ねてあるため、背景の説明が長くなっていました。

結局は予算をつけてほしいという要望メールだったのです

が、最後のほうまで読んでも「何のメールだろう？」と用件がわからないほど背景の説明に割かれていました。

おそらく、メールを書いている本人は「サボっていたわけではない」「ちゃんと対策はしていた」と知ってほしい気持ちが前に出すぎているのでしょう。自分の評価を下げたくないあまり、このような書き方をしてしまっていると考えられます。

しかしメールは、相手が少しでも早く読み終わって、アクションを起こすことが大切です。

自分のためではなく、相手のために書かなければいけません。「工場の予算についてお願いがございましてメールいたしました」と**先に用件を伝え、それから背景を説明するほうが相手は状況の理解が速く、深くなります。**

Let's do it

用件を先に伝えてから
背景の詳細を説明しましょう

第3章

ルール・マナー編

RANKING
第1位
第5位

失敗例

CCを正しく使う

ルール・マナー編の第1位はCC、BCCの使い方です。よく使う機能ですから、その分注目度が高いという面もあるかもしれません。

よく知られた機能だけに、不快感を与えるイメージがわきません。

それが、よく使われているわりに、きちんと知られていないんですよ。なんとなく使っていて、周りの人が困る状況を作り出してしまっていることがあります。

そう言われると自分もきちんと使えているか不安になってきました。

CC の役割と使い方を押さえましょう

メールの宛先には、TO、CC、BCC の 3 つがあります。TO がメールの主たる宛先であるのに対して、**CC は情報共有したい人**を指定する場所です。

送信するメールに CC を入れる場合には、その旨をメール本文の宛名に書くようにしましょう。

メールアドレスの CC 欄を確認しない人もいます。もし TO で受信した人が一対一のメールだと思い込み、あまり共有したくない内容を返信メールに書いたら、CC の人にも見られてしまいます。

学アイ商事株式会社
立石悠岐様
（CC：堺様、立花様）

CC の人の名前を書く際は、並びに注意しましょう。基本的に **［相手の会社→自分の会社］［上役→下役］** にして、誰が上役かわからない場合には、50 音順で対応します。

また、CC の人数が多いときには、1 人ずつ名前を挙げなくても **「各位」「関係者各位」** と書く方法もあります。CC に他の人がいることが伝わります。

CC は簡単に情報共有できますが、気軽に使いすぎると CC の人数が増えてしまいます。

通数が増える原因となってしまいますので、本当に情報共有が必要な相手に送るようにしましょう。社内でどんな情報を誰と共有するか、一定の基準を作っておくと迷わずにすみます。

クライアントとのやりとりは社内の誰かと共有しておくと、万が一のトラブル時や自分が休みの日などにも仕事を止めることなく対応しやすくなります。

TOの人とやりとりの途中で誰かをCCに入れるときには、**本文でひと言説明する**ようにしましょう。特にTOの人が知らない人をCCに入れる際には、説明すると相手も安心します。

なお、このメールから弊社 営業課長の小林をCCに入れております。
私の不在時などは小林が対応しますのでご安心ください。

BCCは使わないようにします

宛先（送信先）
基本的に1人を指定（198ページ）

TO：tateishi@example.co.jp
CC：kobayashi@example.com
BCC：shikako@example.com

他の人にはアドレスが見えない

情報共有のために送る人を指定

BCCはTOの人、CCの人、自分以外のBCCの人に知られずに共有する機能です。展示会で名刺交換した全員に一斉メールを送る際などに使う人がいますが、リスクが高い方法と言わざるをえません。

BCCに入れたつもりがCCに入れていて情報漏(ろう)えい、という取り返しのつかないミスが頻繁に起きています。**BCCは基本的には「使わないほうがよい機能」と認識してください。**

Little break

メールを返信する際は「返信する」と「全員に返信する」の2種類があります。メールの送信者だけに返事をするのが「返信する」ボタンで、メールの送信者とTOとCCの受信者全員に返事をするのが「全員に返信する」ボタンです。

情報を共有したいメールが来たのですから、CCが含まれた全員に返事をするのが基本になります。返信メールで意図せずCCが外されていると、情報共有できずに不快感を覚える人が多いので要注意です。

このミスを防ぐには、普段から「全員に返信する」ボタンを押すことを習慣にすることです。Gmailの場合は「全員に返信する」をデフォルト設定できる機能もあります。自身が使っているメールソフトの機能を確認してみてください。

Let's do it

CCを使う目的は情報共有です。BCCは使用を控えましょう

転送メールをいきなり送りつける

転送は目的を明確に

転送も便利な機能ですが、いろいろとトラブルが起きることがあります。代表的なのは、メールが転送されてきた目的がわからないことですね。

どうして自分に転送されたのかわからないと、なんとなくスルーしてしまうかもしれません。

社内で、近くにいる人なら「この転送メールは何ですか？」と声をかけて確認できますけどね。
そうでなければ、**転送しただけで、相手が何らかのアクションをしてくれると思うのは過剰な期待**だと思いますよ。
実際に転送メールでコミュニケーションがすれ違えば、トラブルが起きるのですから。

転送の目的を書き添えます

メールを転送する際には、何らかの目的があるはずです。情報を共有したい、もしくは転送相手に何か依頼をしたいからメールを転送します。

その旨を転送メールに書かなければ伝わりません。

栗林さん

お疲れ様です。営業部の遠藤です。

サンタータ工業の佐々木様より、下記のような見積もり依頼が来ました。
見積書を作成して送っていただけますか。
佐々木様には5月17日（水）までに送ると伝えてあります。

遠藤

------転送メッセージ------
From: 佐々木信二（サンタータ工業）<sasaki@sun-example.co.jp>
2023年5月8日（月）15:42
Subject: お見積もりのお願い
TO: 遠藤里穂（学アイ商事）<endo@example.co.jp>

学アイ商事株式会社
遠藤様

上記の例の場合、お客さまから見積書の作成を依頼されています。見積もりの依頼に誰も答えないとなると、発注のチャンスを逃してしまうかもしれません。

転送ボタンを押すと、転送メッセージの上部に空白行ができますので、そこに転送の目的を書くようにしましょう。

基本的に、メールの転送先となるのは社内です。むやみやたらに転送すると、個人情報の漏えいとなりかねません。

自分のプライベート用のスマホやパソコンに仕事のメールを転送するのはタブーです。「移動中にじっくり読もう」「後でスケジュールを確認できるように」など、気軽に転送する人がいます。しかし**個人のメールアドレスに転送すること自体、情報の持ち出しと判断される場合もあります。**

情報の持ち出しは処罰の対象となりますから、個人のメールアドレスへの転送は気軽に行うべきことではありません。

社内のやりとりを社外に見られないように

たとえばお客さまからの見積もり依頼メールが転送されてきて、そこに社内でみんながコメントをつけ、情報をとりまとめてお客さまに返信することもあります。

その際、転送時の「この見積もりを作成して、直接返信しておいてください」といった社内のやりとりを見せてしまうのは、マナーとして褒められたことではありません。

場合によっては「この人は10%引きでお願いします」「いつもの業者さんですよ」「なんとか対応してくださいね」「ちょっと面倒な案件かもしれません」など、社内ならではのやりとりが相手の怒りを買う可能性もあります。

社外の人にメールを送る際には、社内のやりとりは必ず削除するようにしましょう。

サンタータ工業
佐々木様
（CC：弊社 遠藤）

お世話になっております。学アイ商事の栗林です。

遠藤に代わり見積書を添付にてお送りします。

◆添付ファイル：お見積書.pdf

どうぞよろしくお願いします。

栗林

------返信メッセージ------

栗林さん

お疲れ様です。営業部の遠藤です。

サンタータ工業の佐々木様より、下記のような見積もり依頼が来ました。
見積書を作成して送っていただけますか。
佐々木様には5月17日（水）までに送ると伝えてあります。

遠藤

------転送メッセージ------
From: 佐々木信二（サンタータ工業）<sasaki@sun-example.co.jp>
2023年5月8日（月）15:42
To: 遠藤里穂（学アイ商事）<endo@example.co.jp>

Let's do it

転送するときには転送の目的を書き添えましょう

ファイルが重くて
エラーメールになる

添付ファイルは確実に送る

お恥ずかしながら、添付ファイルの付け忘れミスは何度か経験があります。

付け忘れミスの経験者は多いですね。
次によくあるのが容量の問題でしょうか。

会社によって送受信できるメールの容量が違いますよね。

はい。相手に確認するのが確実です。
最近はさらにセキュリティを強化するため、添付ファイルに対する規定が厳しくなった会社も多くあります。その意味でも、初めてファイルを送る相手とは、送信手段を確認してからでないとむずかしくなっています。

ファイルの容量を確認しましょう

メール容量の設定は各社で異なるため、どれくらいのファイルが受け取れるかは相手に確認しなければわかりません。

原則としては、２MBまでなら添付できると言えます。この２MBは仕事でメールが使われ始めた頃からほとんど変わっていません。５MBくらいの容量を割り当てる企業も増えていますが、まだ一部の会社では２MBのままです。そのため、２MBなら容量の問題で送信できない、というトラブルは起きないでしょう。

２MBよりも大きなサイズのファイルを送信する場合には、**あらかじめ相手の環境を確認する**ことをおすすめします。やりとりの回数は増えますが、トラブルを避けるためです。

ちなみに、クラウドメールサービスは容量が大きい傾向があります。相手がGmailなどのクラウドメールサービスを使っているとわかっているなら、ある程度の容量まで送信しても大きな問題にはならないでしょう。

また「以前に８MBくらいのファイルを送ったことがある」といった事例がある相手にも、事前確認は必要ありません。

万が一、容量オーバーでメールが届かない場合には「MAILER-DAEMON」と書かれたエラーメールが届きます。容量が大きいメールを送った際には、エラーメールが来ないかも気に留めておきましょう。

見落としを防ぐ工夫をしましょう

添付ファイルを付ける際は、その旨をメール本文に書くのがマナーです。相手の見落としを避けることができます。

ご用命いただきました機種（PO-0998）の搬入スケジュールを
添付にてお送りします。

■添付ファイル
サンタータ工業様PO-0997計画.pdf

添付ファイルの数が多いときは、フォルダにまとめて圧縮して送るのが基本です。

メールソフトによっては添付ファイルを1つずつダウンロードしなければならないため、ファイルをまとめることで相手の手間を減らすことができます。

ただし、最近はスマホでメールを見ている人も増えました。**スマホの場合には圧縮ファイルを見るのが手間になるので、あえてまとめず、そのまま送るほうが親切**です。

以前と比べると、メールを見るデバイスや環境が人によってまったく異なってきています。ケースバイケースに対応するためにも、ファイルの送信はあらかじめ相手に手段を確認したほうがよいでしょう。

なお、送信するファイルの形式にも注意が必要です。相手が持っていないソフトの形式で送信しても、せっかくのファイルを開くことができません。

一般的には、拡張子が［.txt］［.pdf］［.jpg］［.gif］、またMicrosoftの［.xls］［.xlsx］［.doc］［.docx］なら問題ありません。

最近はセキュリティ強化を目的として、添付ファイル自体を受け取れない会社も出てきました。自社のセキュリティポリシーの理解はもちろんですが、相手のセキュリティポリシーの配慮も必要になってきています。

あまりにセキュリティを厳しくしすぎると、利便性に欠けて生産性が落ちる面もあるのはたしかです。とはいえ情報漏えい、サイバー犯罪などをシステムで防止しようとする立場も理解できます。

その意味では、自社のルール、相手の会社のルールにのっとったファイルの送信が大切です。

もちろん、個人もセキュリティに対する意識を高め、スキルを向上させる姿勢も求められます。

Let's do it

相手の環境がわからないなら まずは相談を

リスクと効率のバランスをとる

セキュリティ管理は、第３位の「添付ファイルは確実に送る」とも関わってきますね。

そうですね。たとえばファイル転送サービスやファイルストレージサービスの利用は、会社によって考え方が異なります。
このようなセキュリティポリシーの策定がない会社とは付き合わない、としている会社もありますよ。もちろん、個人のセキュリティ意識が低いのも相手に心配をかけますね。

たしかに、セキュリティ対策が甘いところと付き合って、被害を被る可能性もありますから。

100%の安全は保証されません

残念ながら、**メールの送受信は第三者に盗み見られてしまうリスクがあることは事実です。**

ＩＤとパスワードが流出してしまえばメールサーバーにアクセスされてしまいます。宛先を間違えてしまえば、まったく別人にメールが送信されてしまいます。100%安全なメールはないと考えたほうがよいでしょう。

特にデジタル技術は日進月歩です。比較的、安全とされるセキュリティ管理方法が明日も安全とは限りません。

たとえば、発売前の新商品情報をまとめた資料を送るとしましょう。「メールは誰かに盗み見られたり、流出したりするかもしれない」と、メール以外の方法をとればよいわけでもありません。

仮にプリントアウトした資料をバイク便で送っても、そのバイク便の運転手が事故に遭って紛失する可能性があります。自分で電車やタクシーで持参しても、途中で落としてしまうかもしれません。つまり、どんな方法であれ、100%の安全な状態はないわけです。

仕事の現場では、その**リスクを少しでも下げながら、遂行していく**必要があります。一方でリスクを下げるためにセキュリティ管理を厳しくしすぎると、仕事の生産性は落ちるでしょう。**リスクと生産性のバランスをとる**必要があるわけです。これが、セキュリティ管理に対する基本的な考え方になります。

自社と相手の会社のルールに従いましょう

セキュリティ管理については、各社で考え方が違い、ルールも異なります。

たとえばファイルの受け渡しができるファイルストレージサービスはサイズの大きいデータのやりとりに便利です。メールサーバーの容量が小さい相手だと、大きなサイズのファイルのやりとりに特に重宝します。

ただしセキュリティ管理の都合上、このファイルストレージサービスを使用できないルールを設けている会社もあります。会社によっては、これら外部の民間サービスにはアクセスすることができないように設定されていることもあります。

民間企業が提供しているサービスなので、安全性が低いと判断しているようです。一時期、トラブルを起こしたサービス提供会社があったことが背景にあります。

このようなセキュリティ管理のルール、リスクについての考え方は、何もファイルストレージサービスだけではありません。「メールで効率化される分、リスクをどこまで許容できるか」は、会社によって考え方が異なります。

大切なのは自社と相手の会社のルールを理解し合って、あらかじめ互いの合意をとりつけることです。

「○○について、○MBのファイルを送りたい」と声をかけ、ルールに沿って最適な手法を話し合いましょう。

会社のセキュリティ部門に「面倒くさいことばかり言ってくる」と不満を持つ人もいるようです。セキュリティ管理のシステムを次々に導入したり、承認過程を増やしたりと、たしかに面倒なことを言ってくるのがセキュリティ部門という面があるのは否めません。

セキュリティを強固にすればするほど、業務効率が落ちてしまうので、現場としてはありがた迷惑と感じることが多いのでしょう。

ただし、情報漏えいなどが起きたときに責任を問われるのは会社全体です。経営を揺るがしかねない最悪の事態から守るのがセキュリティ部門でもあります。現場と利害が一致しない部分はありますが、会社の大切な情報を守りたいという気持ちは同じはずです。理解し合い、協力し合って現実的なルールを運用していくのが理想です。

Let's do it

ルールを守りながら、意識と手段をすり合わせましょう

環境の違いに配慮する

特定の環境だけで有効な機能を使うのも嫌がられますね。

特定の環境とはたとえば？

代表的なのはパソコンの環境の違いでしょうか。最近はWindowsとMac間での文字化けはまだ見かけます。最近はスマホやタブレットでメールを見る人も増えていますし、これも環境が違います。スマホの絵文字が化けたりすることもありますね。メールソフト独特の機能も特定の環境と言えますね。メールでもHTMLを見かけることがありますが、特定の環境とも考えられます。

嫌がられる機能を使うのはやめましょう

ソフトの進化で解消されつつありますが、環境が違うと文字化けが起こることもあります。Windows から Mac にメールを送る際、またダウンロードしたファイルを開いた際などに起こりやすいトラブルです。

特に環境依存文字を使用すると文字化けを起こすことが多いので、使用は避けましょう。代表的な環境依存文字は次のとおりです。

- 半角カタカナ
- 半角句読点・カギ括弧など
- 丸囲みの数字・文字（①②③㊥㊨など）
- ローマ数字（Ⅰ Ⅱ Ⅲなど）
- 単位や数式など（㎜、√など）
- 省略文字（㈱、㈲など）

環境が違うと作動しない機能があります

メールソフト独特の機能は Microsoft の Outlook などの「開封確認通知要求」が代表的です。

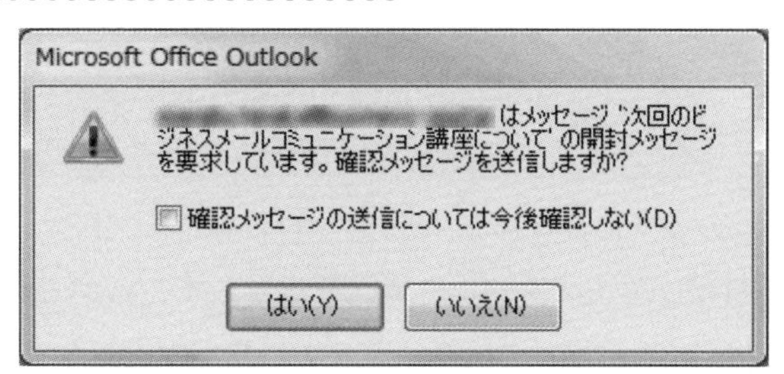

自分が受信したメールを開くと、送信者に通知する機能ですが、プレッシャーを感じる人が多くいます。不快感につながりますので避けたほうがよいでしょう。

ただし、これは他のソフトでは作動しない可能性もあります。使っても無駄に終わることが多い機能です。その意味でも、使う必要はありません。

またメールソフトによっては「重要度の設定」ができるものもあります。この機能も、使えるソフトと、そうでないソフトがあります。

仮に互いに使えたとしても、相手が受け取るメールの重要性を送信者が決めるのは失礼です。使ってよいことはありません。

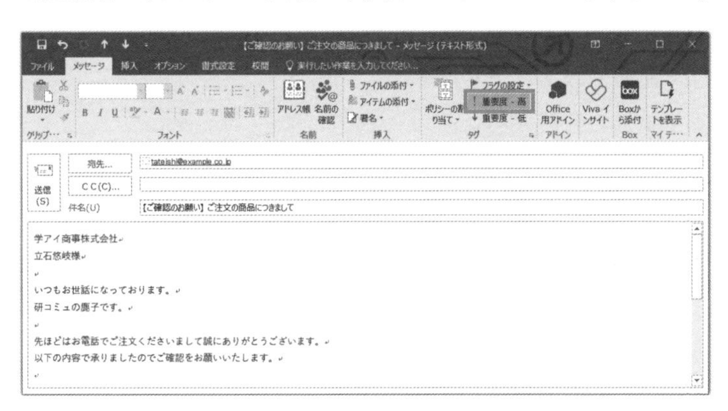

メールの書式の違いもあります

メールの書式にはテキスト形式と HTML 形式の 2 つがあります。**HTML 形式はメールに装飾をほどこすことができます。**文字にカラフルな色がついていたり、写真が配置されていたりするものがHTMLメールです。ネットショップの広告メールなどに多くあります。

この HTML 形式は、以前は表示ができないメールソフトがあり、推奨されていませんでした。デザインが崩れることも多くありました。

メールそのもののサイズが大きくなりますので、受け取るのに重さを感じるのも嫌がられた原因です。また、パソコンに影響を与えるプログラムを埋め込むことができるなどセキュリティ上の理由もありました。

これらの問題は、すでにほとんど解消されています。多くのソフトで自然と HTML 形式のメールを表示できるようになっていますし、重さも感じません。セキュリティの問題はソフト側の進化で解消されています。

とはいえ、いまだに HTML 形式を推奨するのはむずかしい状況です。HTML 形式が使えない環境の人もまだいるということと返信のしづらさに不快感を覚える人が多いことが理由です。

Let's do it

嫌がられる可能性があることは避けましょう

スキル プラス

メールの成功を決める基準

**対面で話していると、自分の話が伝わっているかどうか、相手の表情や言葉で感じ取ることができます。
ところが、メールは対面とは違ってリアルタイムで相手の反応を見ることができません。うまく伝わっているかどうか、どのように判断すればよいでしょうか。**

プライベートで友人とするおしゃべりなどは別ですが、ビジネスでコミュニケーションをとるときには、必ず何らかの目的があります。

たとえば資料を送ってほしい、会社に来てほしい、お金を払ってほしい、知ってほしい、確認してほしいなどです。この目的を達成できなかったら、コミュニケーションをとった意味はありません。

「お金を払ってほしい」とお願いした場合、お金を払ってもらえたら目的は達成した、つまり成功と言えます。さらに相手が不快感なく、動いてくれたら大成功です。

逆にお金を払ってもらうという目的を達成できなかったら失敗です。コミュニケーションの手段、あるいは伝え方に問題があると考えられます。

コミュニケーションの成否は目的を達成できたかどうかが基

準になるのです。この基準で、自分のコミュニケーションを日頃からチェックしましょう。**目的の達成度には、コミュニケーションのうまさが表れる**からです。

ところが、多くの人はこのチェックをしていません。コンサルティングをしていると、「お金を払ってほしいとちゃんとメールしました」「イベント招待メールはお客さまにきちんと送っています」などと訴える人と出会うことがよくあります。

自分はきちんとメールしているのに、「反応しない相手が悪い」「メールを読んでいない相手が悪い」「添付ファイルを開いていない相手が悪い」などと、相手に非があると考えがちです。

しかし、相手が動かないのには何かしら理由があります。件名のつけ方が悪い、文章がわかりづらいなどです。

実は、第三者の視点を持つと、メールのよしあしは意外と簡単に判断できます。

実際、アポイントがなかなかとれない営業マンに、別の人が書いたよくないメールを見せて「このメールでアポイントがとれると思いますか？」と聞くと、「むずかしいですね」と答えることが多くあります。

結果の出なかったイベント招待メールを見せて「来てくれると思いますか？」と聞くと、「うーん。これでは……」と否定されます。

それではなぜ自分のメールでは判断ができないかというと、**メールを書くときに「書くこと」が目的になってしまっている**からです。「書かなければ」「送らなければ」と夢中になって、本来の目的である「相手の行動を促す」を忘れてしまっています。もしくは、本来の目的を意識しているつもりになっているだけだったりします。

特に文章を書き慣れない人はこの落とし穴にはまりがちなので注意しましょう。

そのため、メールを書き終えて、送信ボタンを押す前に「このメールで目的が達成できるかどうか？」という視点で読み直すことをおすすめします。これは、自分がそのメールを受け取ったときに、「会ってみよう」「申し込もう」など、行動するかどうか、という視点でもあります。

また、相手が思ったように動いてくれず、目的が達成できなかったときにも、この視点からメールを読み返してみましょう。

客観的に確認すると、相手にしてほしいことがわかりづらい、言葉づかいが適切でない、情報が足りない、期限がないなど、何らかの原因が見えてくるはずです。

この確認作業を繰り返していけば、メールの改善点がわかってくるでしょう。コミュニケーションの達人になるために不可欠です。

RANKING
第6位
〜
第10位

不備のある署名・
過剰な情報やデコった署名

署名には名刺と同程度の情報を

署名で嫌がられるのは、不備か過剰のどちらかが多いですね。
不備は署名そのものがなかったり、情報の一部が足りなかったりするものです。
過剰は広告アピールが多すぎたり、装飾が派手なもののことです。

極端なパターンが不快感につながるということですね。

はい。署名はシンプルイズベスト。過不足のないものが一番です。
本当は署名を会社や部署で統一すれば問題は起きづらいんですよ。署名で個性を出そうとすると、あまりうまくいかないことが多いですね。

署名は自動挿入を設定しましょう

そもそも署名に必要なのは、名刺と同程度の情報です。すぐに名刺と署名を照らし合わせて、情報に不足がないか確認してみましょう。

学アイ商事株式会社
企画営業部　立石 悠岐（たていし ゆうき）
〒***-**** 東京都○○区○○ 町1-2-3
TEL：03-****-****/FAX：03-****-****
MAIL：tateishi@example.co.jp
WEB：https://example.co.jp

署名は基本的に毎回、入れるようにします。「よく知っている相手なので名前だけでいい」と考えるかもしれませんが、相手が自分に電話をするとき、郵便物を送るとき、名刺よりもメールの署名を確認することのほうが多いからです。

電話番号、住所を探すために何通もメールをチェックさせるのは非効率でしょう。イライラさせてしまうと「配慮が足りない人だ」と自分の印象まで下がってしまうかもしれません。

ビジネスメールでは、常に相手に楽をさせるほうを選んでください。

もちろん、手動で署名を入れるのは手間がかかりますので、**メールソフトの自動挿入を設定しましょう。**一度設定すれば、入れ忘れのミスも防ぐことができます。

過剰な署名の代表的なものはキラキラ署名です。罫線や記号を使って署名の前後を飾り付けるもので、☆や♪マークを使ったり、罫線でうまくリボンの形を作ったりして、個性をアピールします。"かわいい"を作りたいようですが、ビジネスメールでかわいさは必要ありません。

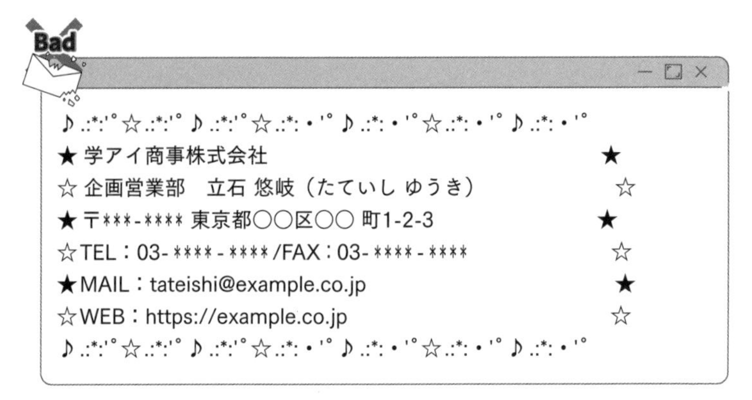

繰り返しになりますが、ビジネスメールにおける署名は名刺のようなものです。名刺が個人の裁量で作るものでないのと同じように、署名で個性を出すのはタブーです。

シンプルな線を使って、すっきりとまとめましょう。名刺と同じように、会社で統一した署名を使うことをおすすめします。

なお、社内と社外など、いくつかの署名を使い分けるのは問題がありません。社内用の署名を作成する場合にも、支店名や内線番号など、社内の人が必要としている情報でまとめます。

署名の前後に免責事項についての記載をする人もいます。署名と一緒に自動挿入を設定している会社も多いようです。一部の業界や業種で見られます。

メールが間違って届いた場合にすぐに削除をして、内容は漏えいしないように、と注意するものです。

「当社からのメールに心当たりがない場合、速やかにその旨をご連絡いただき、本メールと添付書類を破棄していただくようお願い申し上げます。また、誤って受け取ったメールを自己のために利用すること、第三者に開示することを固く禁止いたします」などと書かれています。

情報漏えいを防止する目的とはいえ、この文面を読んでよい気分になる人はいないでしょう。自分が送信先を間違っているのに、相手に漏えいの責任を押しつけるような印象を与えるからです。

セキュリティ対策としても、あまり効果があるとは思えません。

Let's do it

署名には名刺と同程度の情報をシンプルなデザインで記載します

第7位

RANKING

宛先を複数、指定してしまう

TOは1人だけ指定する

TOはメールのいちばん基本的なところですよね。使い方にどんな問題がありますか？

いちばん多いのは、TOに複数を入れることですね。TOは主な宛先を指定するものですから、1人にするのが原則です。

目上の人をCCにするのは失礼だと考えている人も多そうです。TOのほうが格上というか。

紙の書類だと、いちばん上に書かれる名前が偉い人だったりするので、そういう誤解が生まれているのかもしれません。TOはメールを処理する人ですから、偉い人である必要はないんですよ。

TO は原則 1 人にしましょう

TO に複数を入れると不都合が起きるのは、そのメールを処理する人、返信する人が誰かわからなくなるからです。

たとえば上司から、3 人を TO に入れたメールで「資料を集めてほしい」と依頼されたら、誰が集めるのかがわかりません。仮に、作業を 3 人で分担するために情報共有したい場合にも、中心となる TO を 1 人、CC を 2 人にします。

井上さん
（CC：伊藤さん、有原さん）

お疲れ様です。高山です。

倉庫にある過去の商品資料と写真の収集・整理をお願いします。
量が多いので、伊藤さんと有原さんにも協力をお願いしてください。

来年に予定されている40周年記念行事で
さまざまな視点の会社の年表を作ることになりました。
そのうち、開発部ではこれまで発売された商品年表を担当します。

メール本文に書く宛名に、絶対的な書き方があるわけではありません。

学アイ商事株式会社
企画営業部 課長
立石悠岐様

一番フォーマルな書き方は「会社名＋部署名＋肩書き＋名前

＋様」です。ちょうど名刺に書いてある情報のフルセットにプラスして敬称です。目上の人、まだ知り合って間もない人などは、このフルセットが無難でしょう。

「会社名＋名前＋様」と、一部が抜けても失礼になるわけではありません。

特に久しぶりにメールする相手などは、連絡をとっていない間に異動になったり、肩書きが変わっていたりする可能性もあります。気になるようなら、「会社名＋名前＋様」にするとよいでしょう。

「会社名＋名前＋様」でも、まだフォーマルな印象を与えますので、「何度もやりとりをして親しくなった目上の人」にも向いています。

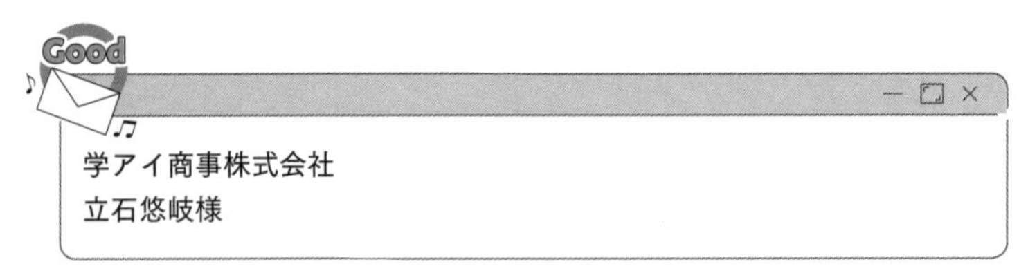

相手との関係によっては、さらにカジュアルにすることも可能です。親しい相手には名前だけにしたり「様」ではなく「さん」にしても、名字だけにしても問題はありません。

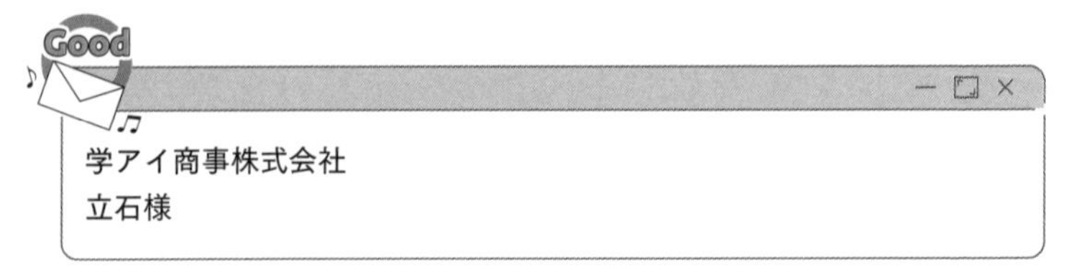

同僚や特に親しくしている取引先など、フォーマルに書きすぎるとかえって固い印象を与えることもありますので「名字+さん」としたほうが喜ばれるケースもあるでしょう。呼びかけるような、柔らかい印象があります。

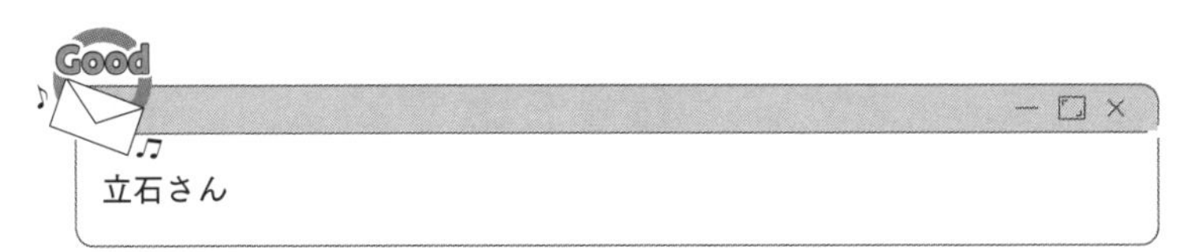

ただし、親しい間でも謝らなければいけないときなどには、フォーマルな宛名にします。

株式会社と会社名の間、また姓と名の間、名前と様の間などにスペースが必要かという質問を受けることがあります。また、入れるなら全角がいいか半角がいいかと聞かれることもあります。

結論から言うと、基本的にスペースは必要ありません。スペースがあっても特別に読みやすくなるわけではないので、余計な手間をかけないほうがよいからです。

もし自分の姓と名の区切りがわかりづらい場合には署名の名前にスペースを入れましょう。森重正さんは、森重 正（もりしげ・ただし）さんか、森 重正（もり・しげまさ）さんのどちらとも読めます。このような名前なら、スペースを入れ、さらに読みがなも併せて書いておくと誤解されずにすむはずです。

Let's do it

TOは1人を指定するのが原則です

迷惑メールだと誤解されてしまう

どこの誰か わかる送信者名に

送信者名についてのモヤモヤですね。受信ボックスに**誰から送られてきたのかわからないメールが届くのは、好ましいことではありません。**

メールの中にはクリックさせて個人情報を不正入手しようとするフィッシングメールもありますからね。

そうなんです。たとえばイニシャルだけだったりすると、**誰だか予想がつかないため警戒してしまう**んですよね。開封したら何か悪いことが起きるのではないかと疑われてしまって、読まずに削除されることもあります。
それ以外にも、営業メールや登録した覚えのないメルマガなどが届くこともありますしね。

どこの誰かを明確にしましょう

ビジネスメールの通数は業種や担当職務、立場などによっても異なります。多い人だと、1日に数百通受け取ることも珍しくありません。

通数が多い場合、1通ずつじっくり読み込むことはむずかしくなります。メールの顧客対応担当者なら別として、通常は優先順位をつけて、きちんと読むメール、さっと流し見るだけにとどめるメールを分けて処理する人がほとんどでしょう。

この**優先順位をつけるときの判断基準となるのが、送信者名と件名**です。取引先やお客さまなど、普段からよくやりとりしている人など、急ぎの用件がありそうな人は優先的にメールが開封されます。

一方で、誰からのメールかわからない場合には、後回しにされてしまいます。

Bad

差出人	件名
□ murakami@example.co.jp	申請用紙変更のお知らせ
□ T.K	登録完了確認
□ aoki	お打合わせ日程のご相談
□ 学アイ商事 プロモーション部	新規デザインのお願い

ソフトウェアによっては、設定しないとメールアドレスがそのまま送信者名になることがあります。**メールアドレスでは送信者がパッと見ただけではわかりません。**

自分の設定がどうなっているのか、確認してみましょう。

同様にわかりづらいのが、イニシャルになっている送信者名

やアルファベット表記による送信者名です。わかりやすくするために基本的には日本語表記にしましょう。

また、「会社名」や「会社名＋部署名」だけになっていると、共用アドレスで一斉メールを送ってきているように見えます。営業メールと誤解されて読まれなくなる可能性がありますので注意が必要です。

大切なのは「どこの誰か」がパッと見てわかることです。基本的には「名前」と「会社名」の両方を設定すると、個人を特定しやすくなります。

会社によっては、送信者名の設定ルールを設けているところもありますので、その場合はルールに従いましょう。

フリーランスや個人事業主として仕事をしている場合は、店名、屋号、職種名を併記するとわかりやすくなります。

Good

差出人	件名
□ 鹿子光男（研コミュ）	8月31日（木）会議資料の送付
□ 青木泰典（ベジスイーツ・ネットショップ店）	ご注文の確認とお礼
□ 近藤あかね（イラストレーター）	イラスト第1案の送付と確認依頼

送信者名の設定方法はメールソフトによっても異なりますが、基本的には「設定画面」で行います。

姓と名が1つの欄になっているソフト、姓と名で欄が分かれているソフトなどさまざまありますので、設定画面を開いて確認してみましょう。

自分宛にメールを送って、送信者名がどうなっているのか確認する方法もあります。

下記は Microsoft Outlook の設定画面です。「名前（Y）:」欄に入力したものが送信者名として表示されます。

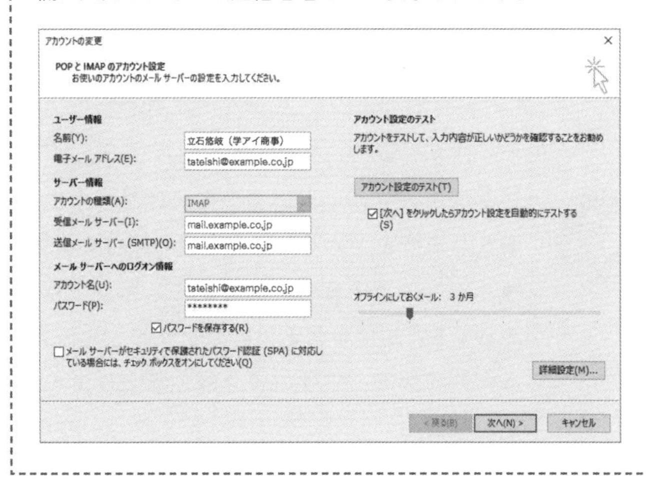

Let's do it

どこの誰かを日本語で表記するのが基本です

失敗例

メールが読まれずに
削除されてしまう

用件がわかる件名をつける

ビジネスメールにおいて、件名は思った以上に重要な要素です。メール処理の優先順位を決める際、多くの人は送信者名に加えて件名も重視しているからです。送信者名と件名はセットと言えます。よい件名だと、処理の優先順位を上げてもらえますからね。

逆に言えば、知っている人からのメールでも、件名で用件が伝わりづらいと優先順位を下げられてしまう可能性があるということですね。

それを防ぐためにも、件名で何の用件かを伝えることが大切です。受信トレイの一覧の中で、「どこの誰から、こんな用件で送っています」ということをわかりやすく伝えましょう。

件名の書き方次第で優先してもらえます

件名は、メール処理の優先度を決める要素の一つです。

相手の受信トレイにずらりと並ぶメールの中から、自分が送ったメールを確実に開封してもらい、さらに確実に対応してもらえるような件名をつける必要があります。

優先順位の高いメールならじっくり、低いメールはさっと目を通すだけにされてしまうかもしれません。優先順位が低いと、開封を後回しにされることもあります。

たとえば、件名を自分の名前だけにする人もいますが、意味がありません。誰からのメールかは、送信者名でわかっています。用件を伝えず、誰からのメールかを重複して伝える意味はありません。

件名だけで「読む必要はない」と削除されるメールもあります。特に、迷惑メールや営業メールと誤解された場合には、削除される可能性が上がってしまいます。

大切なのは、相手に「優先順位が高い」と伝わる件名をつけることです。**件名を見ただけで、相手が「あの話か」「こういう用件だな」とピンと来るようにしましょう。**

❶相手がわかる具体的な語句を前に書く

略語や業界用語などを使わず、相手がわかる語句を使うと、用件が伝わりやすくなります。

また、**その語句はなるべく件名の前半に書きます。**メールソフトや使用している環境によっても異なりますが、長い件名が最後まで表示されるとは限らないからです。**20 ～ 30 文字以内に収めるようにします。**

宛先：tateishi@example.co.jp

件名：BMC 講座開催日程のご連絡

宛先：tateishi@example.co.jp

件名：ビジネスメールコミュニケーション講座開催日程のご連絡

❷日付や数字を入れる

日付や数字で表現できる部分があれば盛り込みます。具体的に伝わりやすく、後で見つけやすくなります。

宛先：tateishi@example.co.jp

件名：次回定例ミーティング議題のお知らせ

宛先：tateishi@example.co.jp

件名：定例ミーティング（9月）議題のお知らせ

宛先：tateishi@example.co.jp

件名：本社管理職研修の開催のご連絡

宛先：tateishi@example.co.jp

件名：6月1日（月）本社管理職研修の開催のご連絡

❸相手にとってほしいアクションを書く

件名の語尾は、相手にとってほしいアクションでまとめます。「〜の件」「〜について」と書く人がいますが、これでは用件があいまいになる可能性があります。

たとえば「ご確認のお願い」などと書かれると「確認してほしいんだな」と、「〜のご報告」と書かれると「目を通してほしいんだな」と、アクションをとりやすくなります。

つまり、送信者が何を求めていて、受信者が何をすればよいのかが伝わりやすくなるわけです。

宛先：tateishi@example.co.jp

件名：3/26（月）営業会議の件

宛先：tateishi@example.co.jp

件名：3/26（月）営業会議のご出席のお願い

送信者名は別途表示されているので、原則として件名に自分（送信者）の名前を入れる必要はありません。

ただし、「送信者名」がわかりづらい表記になっている場合には、件名に名前を入れるとよいでしょう。海外とのやりとりが多くて送信者名が英語表記になっている、会社の共用アドレスを使っている、などのケースです。

Let's do it

相手がアクションしやすいように
どんな用件かひと言で伝えます

いつまでも古い件名を使っている

話題に合わせて件名を変える

同じ人とやりとりしている中で、件名を変えるタイミングを迷う人は多いようですね。
なかには、前にやりとりしたときのメールに返信ボタンで新規メールを作成し、件名を書き換えずに送ったりするミスもあります。

たしかにやりとりが続いていると、だんだん件名に気をつかわなくなるかもしれません。返信ボタンを押すだけで、件名を書き換えるのを忘れてしまうこともありそうです。
でも、相手はわかりづらいですし、いい気持ちはしませんよね。

件名について、他に好まれないことも一緒に紹介しましょう。

話題が変わったら件名も変えます

受け取ったメールに返信するときは、基本的に件名を変える必要はありません。返信ボタンを押すと、通常は件名に「Re：」がつきますので、そのまま送るとよいでしょう。

宛先：tateishi@example.co.jp
件名：Gシリーズお見積もりのお願い

返信ボタンを押すと

宛先：shikako@example.com
件名：Re：Gシリーズお見積もりのお願い

一般的に、1つの話題について、やりとりは1往復から2往復程度です。「①日程調整の依頼で候補日を提示→②（返信）希望日を選択→③お礼」「①書類送付の依頼→②（返信）書類を添付→③お礼」といった流れが多いはずです。

この間は、**同じ話題が続いていますから、件名を変える必要はありません。**

ただし、やりとりが続いた場合など、途中で話題が変わることがあります。この場合は、**話題が変わった時点で件名を変えるようにしましょう。**

たとえば、お客さまの環境や使用方法などによって、お客さまの希望商品ではなく、別の商品をすすめるなどのケースを考えてみましょう。

次ページ図のようなやりとりは、よくあるのではないでしょうか。

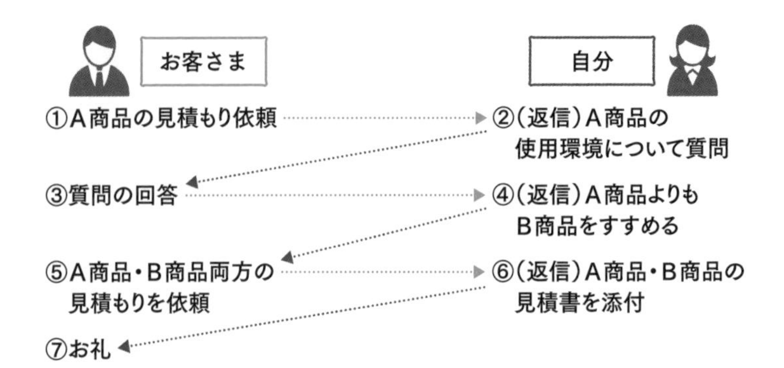

最初に受け取ったメールの件名は「A商品のお見積もり作成のお願い」などになります。この場合、⑥はA商品とB商品の2つの見積書を送っていますから、受け取った件名からは用件が合わなくなっています。

そのため、自分が返信者（最初のメールの受信者）なら⑥のタイミングで「A商品・B商品の見積書ご送付」などと件名を変えます。話の流れによっては、④のタイミングで変えてもよいでしょう。

逆に自分が最初のメールの送信者の場合には、⑤が件名を変えるタイミングです。

なお、メールソフトによっては「Re：Re：Re：〜〜」と、返信の回数によってReが増えていくものもあります。この場合は用件が見づらくなってしまいますので、Re：を1つだけ残して削除して構いません。

受信トレイの中で自分のメールを目立たせようと、件名に【】●■といった記号を使う人もいます。

たしかに目につきやすくなる効果はありますが、使いすぎるとアピールが強いプロモーションメールのような印象を与えかねません。

宛先：shikako@example.com
件名：第5回関東地区プロモーション会議（9/11）出席のお願い

通常時に使う記号はカッコ（）程度にしたほうがよいでしょう。**目立つ記号については、イレギュラーな場合のみの使用にします。**「一度送ったけれど、返事をもらえていない」「再送する」など、特別に相手に目にとめてほしいときなどです。

宛先：shikako@example.com
件名：【再送】6月分請求書発行のお願い

なお、日常的に海外とのやりとりがあるため、送信者名をアルファベット表記にする必要がある人もいます。この場合、国内にメールを送る際には、件名の最後にカッコ書きで会社名と名前を加えるとよいでしょう。

宛先：shikako@example.com
件名：3月アクセス記録総括資料の送付（学アイ商事立石）

Let's do it

話題が変わったときには適宜、件名を書き換えましょう

できるだけ言い切ろう

述語がはっきりしない文章も、誤解されやすいので避けるようにします。回りくどい表現も同様です。
自分の意図しない読み取り方をされてしまうと、仕事がスムーズにいきません。後でトラブルになってしまう可能性もあります。

できないことはないと思います。

このような書き方だと、「できる」と解釈する人もいれば、「できない」と解釈する人も出てきてしまうでしょう。「かなりむずかしいけれどチャレンジする価値はある」「できるけれどコストなどの条件が必要」など、置かれた状況によって、解釈の仕方はもっと多くあるかもしれません。

誤解されないためには、回りくどい表現をしないことです。相手に考えさせてしまうと解釈の幅が広がってしまいます。できるだけ、語尾は言い切る形で終えて、誤解を避けるようにしましょう。

第4章

メール添削の実物を見てみよう

☑ レイアウトが見づらい

▼ Before

件名：資料作成のお願い

立石さん

お疲れ様です。山田です。
営業向け説明資料作成のお願いでメールをしました。
先ほどの新規事業会議で決定したキャンペーンについて営業向けの説明資料の作成をお願いします。

以下に、概要をまとめました。

内容は、キャンペーンの営業向け説明資料作成で、要点がわかるようにまとめてください。ソフトは、パワーポイントを利用し、10枚以内のスライドで作ってください。
来週（8/4）の会議で使用しますので、2023年8月3日（木）13時までにご対応ください。
ご不明な点がありましたら、私まで連絡してください 。
それではご対応よろしくお願いいたします。

山田太郎

ブラッシュアップポイント

- ☑ 件名を具体的に
- ☑ 見やすく
- ☑ 空白行を入れる
- ☑ 適度に改行する
- ☑ 箇条書きにしてまとめる

▼ After

件名：営業向け説明資料作成のお願い

立石さん

お疲れ様です。山田です。

営業向け説明資料作成のお願いでメールをしました。

先ほどの新規事業会議で決定したキャンペーンについて
営業向けの説明資料の作成をお願いします。

以下に、概要をまとめました。

====================================
内容：キャンペーンの営業向け説明資料作成
　　　（要点が分かるようにまとめる）
　　　パワーポイント10枚以内
期限：2023年8月3日（木）13時
====================================

来週（8/4）の会議で使用します。

ご不明な点がありましたら、私まで連絡してください 。
それではご対応よろしくお願いいたします。

山田太郎

☑ 用件がわかりづらい

▼ Before

件名：資料ご送付

研コミュ株式会社
鹿子様

お世話になっております。

このたびは、お問い合わせいただきありがとうございます。

詳細資料をお送りいたします。

商品については貴社へ伺って直接ご説明もしますので、
お時間をいただけるようでしたら、お気軽にお声がけください。

ご検討よろしくお願いいたします。

学アイ商事株式会社
企画営業部　立石 悠岐（たていし ゆうき）
〒***-**** 東京都○○区○○ 町1-2-3
TEL：03-****-****/FAX：03-****-****

ブラッシュアップポイント

☑ 件名を具体的に
☑ 名乗る
☑ 何の問い合わせか書く
☑ 添付ファイルは「送る」だけだとわからないので手段も明記
（添付ファイルが漏れていたら郵送だと勘違いされるかも）
☑ プラスアルファで評判などの情報を伝えて期待させる

▼After

件名：「BCLUEシリーズ03」資料ご送付

研コミュ株式会社
鹿子様

お世話になっております。
学アイ商事株式会社の立石悠岐です。

このたびは「BCLUEシリーズ03」について
お問い合わせいただき、ありがとうございます。

商品の特徴や販売価格など、詳細資料を添付にてお送りいたします。

●添付ファイル
BCLUEシリーズ03.pdf

「BCLUEシリーズ03」は販売数が順調に伸びており、
販売代理店数も増えています。

学生を中心に評判が良いという話も上がってきています。
先日、テレビの夕方のニュースでも取り上げられました。

商品については貴社へ伺って直接ご説明もいたしますので、
お時間をいただけるようでしたら、お気軽にお声がけください。

ご検討よろしくお願いいたします。

学アイ商事株式会社
企画営業部　立石 悠岐（たていし ゆうき）
〒***-**** 東京都○○区○○ 町1-2-3
TEL：03-****-****/FAX：03-****-****
MAIL：tateishi@example.co.jp
WEB：https://example.co.jp

☑ 全体的に抽象的で具体性がない①

▼ Before

件名：資料送付の御礼

学アイ商事株式会社
立石悠岐様

お世話になっております。

このたびは資料を送っていただきありがとうございます。

資料を拝見し、必要があればこちらからご連絡いたします。

よろしくお願いいたします。

研コミュ株式会社
営業部　鹿子 鹿男
〒***-**** 東京都○○区○○4-5-6
TEL：03-****-****
http://www.example.com
shikako@example.com

ブラッシュアップポイント

- ☑ 件名をわかりやすく
- ☑ 名乗る
- ☑ 抽象的な情報が多いので具体的に
- ☑「前向きに検討」など具体的な言葉を伝える
- ☑ 検討の流れを伝えることで相手がフォローがしやすくする
- ☑ 相手に歩み寄った姿勢を見せる

▼ After

件名：「BCLUE シリーズ03」資料送付の御礼

学アイ商事株式会社
立石悠岐様

お世話になっております。
研コミュの鹿子です。

このたびは「BCLUE シリーズ03」の資料を送っていただき、
誠にありがとうございます。

いただいた資料はすぐに上司と共有いたしました。

「BCLUE シリーズ03」の導入を前向きに検討しておりますので、
お見積もりをお願いすることになるかと存じます。

来週あらためてこちらからご連絡いたします。

よろしくお願いいたします。

研コミュ株式会社
営業部　鹿子 鹿男
〒***-**** 東京都○○区○○4-5-6
TEL：03-****-****
http://www.example.com
shikako@example.com

☑ 全体的に抽象的で具体性がない②

▼ Before

件名：ご相談したいことがあります。

学アイ商事株式会社
立石悠岐様

お世話になっております。

セキュリティ機器導入のお打ち合わせ日程についてご相談です。

お打ち合わせの日程はお任せしますので、
立石様のご都合をお知らせください。

よろしくお願いいたします。

研コミュ株式会社
営業部　鹿子 鹿男
〒***-**** 東京都○○区○○4-5-6
TEL：03-****-****
http://www.example.com
shikako@example.com

ブラッシュアップポイント

☑ 件名は文章で書かない。具体的に書く
☑ 名乗る
（短いメールで署名が見えたとしても、普段から名乗る癖をつけておく）
☑ 相手に丸投げしているので候補日を提示
（日程を出してもらったのに都合がつけられないのはトラブルの元。
手間を減らすためにも日程を出す）

件名：お打ち合わせ日程のご相談

学アイ商事株式会社
立石悠岐様

お世話になっております。
研コミュの鹿子です。

セキュリティ機器導入のお打ち合わせ日程についてご相談です。

候補日をお送りしますので、立石様のご都合をお聞かせください。

＜候補日時＞

7月10日（月）10時～12時
7月12日（水）14時～18時
7月13日（木）10時～18時

※予定時間は1時間

いずれの時間帯も、ご都合が悪い場合は遠慮なくお知らせください。
調整いたしますので、候補日を複数いただけると幸いです。

よろしくお願いいたします。

―――――――――――――――――――
研コミュ株式会社
営業部　鹿子 鹿男
〒***-**** 東京都○○区○○4-5-6
TEL：03-****-****
http://www.example.com
shikako@example.com
―――――――――――――――――――

感じが悪く不快感を与える①

▼ Before

件名：受講料（ウェブマーケティングセミナー）お振り込みの確認

研コミュ株式会社
鹿子様

お世話になっております。
学アイ商事株式会社の立石悠岐です。

このたびはセミナーにお申し込みいただき誠にありがとうございます。
受講料のお振り込みがまだですので、至急ご対応ください。

また、キャンセルされる場合もご連絡いただけると幸いです。

それでは、ご確認よろしくお願いいたします。

学アイ商事株式会社
企画営業部　立石 悠岐（たていし ゆうき）
〒***-**** 東京都○○区○○ 町1-2-3
TEL：03-****-****/FAX：03-****-****
MAIL：tateishi@example.co.jp
WEB：https://example.co.jp

ブラッシュアップポイント

- ☑相手が振り込んでいないと決めつけない
- ☑（やりとりが増えないように）これから振り込む場合を考えて、請求書を添付する
- ☑キャンセルの可能性も考え、先回りして伝える
- ☑「至急」などの強い言葉を使って高圧的な態度を取らない
- ☑さまざまな可能性を考慮する

▼ After

件名：受講料（ウェブマーケティングセミナー）お振り込みの確認

研コミュ株式会社
鹿子様

お世話になっております。
学アイ商事株式会社の立石悠岐です。

このたびは9月15日（金）開催「ウェブマーケティングセミナー」に
お申し込みいただき誠にありがとうございます。

受講料のお振り込みについて確認のご連絡です。

明日の開催ですが、本日時点で受講料のご入金が確認できておりません。
（開催2日前までのお振り込みをお願いしております）

すでにお振り込みいただいている場合は行き違いの可能性がございます。
確認のため、以下の3点をお知らせいただけませんでしょうか。

・振込日
・振込人名
・振込金額

キャンセルされる場合もご連絡いただけると幸いです。

念のため、お送りした請求書を添付します。

■添付
請求書（ウェブマーケティングセミナー）.pdf

それでは、ご確認よろしくお願いいたします。

☑ 感じが悪く不快感を与える②

▼ Before

件名：コピー機の導入を見送ります

研コミュ株式会社
鹿子様

お世話になっております。
学アイ商事株式会社の立石悠岐です。

社内で検討した結果、今回の導入は見送ることになりました。
もっと安い金額を提案してもらえると思ったのですが
期待外れの価格だったため、導入は不可能です。

以上、よろしくお願いいたします。

学アイ商事株式会社
企画営業部　立石 悠岐（たていし ゆうき）
〒***-**** 東京都○○区○○ 町1-2-3
TEL：03-****-****/FAX：03-****-****
MAIL：tateishi@example.co.jp
WEB：https://example.co.jp

ブラッシュアップポイント

- ☑ ストレートすぎる件名を変更
- ☑ お礼でワンクッション入れて和らげる
- ☑ 相手の行為に対しては感謝を伝える
- ☑ ストレートすぎる断り方で角が立たないように
- ☑ 相手を拒絶している印象を与えない
- ☑ どこで接点が生まれるかわからないから気をつける

▼ After

Good

件名：コピー機ご提案の御礼

研コミュ株式会社
鹿子様

お世話になっております。
学アイ商事株式会社の立石悠岐です。

このたびは、コピー機のご提案をいただきありがとうございます。

社内で検討した結果、今回の導入は見送ることになりました。

現在、利用している商品を導入してから日が浅く、
機能にも不満がないため、しばらくは変更する予定がありません。

今後、状況が変わり、貴社のご協力を仰ぐ機会も出てくるかと存じます。
その際にお力添えいただければ幸いです。

よろしくお願いいたします。

学アイ商事株式会社
企画営業部　立石 悠岐（たていし ゆうき）
〒***-**** 東京都〇〇区〇〇 町1-2-3
TEL：03-****-****/FAX：03-****-****
MAIL：tateishi@example.co.jp
WEB：https://example.co.jp

☑ 情報が不足している

▼ Before

件名：議案について

営業部各位

お疲れ様です。山田です。

A社のアポがあり明日の会議には出席できないため、
議案について私の意見をメールでお送りします。

過去の実績を考えても、私はA社よりもB社が望ましいと考えます。

参考にしていただけたらと思います。

山田太郎

ブラッシュアップポイント

- ☑ 件名を具体的に
- ☑ 意見の根拠を伝える
- ☑ 意見の詳細を伝える
- ☑ 代案など具体策を書く
- ☑ 検討に必要な情報を書く

件名：10/24（火）営業部会議の議案についてご連絡

営業部各位

お疲れ様です。山田です。

A社のアポがあり明日の会議には出席できないため、
議案について私の意見をメールでお送りします。

【議案】
ウェブサイトのリニューアルを依頼する制作会社について、
A社とB社のどちらにするか。

【山田の意見】
私はA社よりもB社が望ましいと考えます。

確かに、A社のほうが見積もりは低いですが、
当社の工数がかさむと予想されます。

依頼内容を整理し、同条件で見積もりをとってみてはいかがでしょう。
おそらくB社のほうが見積もりは低くなると考えられます。

B社は当社と同業者のウェブサイトを制作した実績があります。
そのノウハウも取り入れていけたらと考えております。

皆さまでご検討のほど、よろしくお願いいたします。

山田太郎

マンガ
後書きに代えて
…というわけで
メールのコツを
お伝えして
きましたが…
わっ
どうしました!?
……
号泣してます?!
えぐ
えぐ
平野先生、
これまで私、
何も知らないまま
書いていたんですね…
そのことが
ようやく
わかりました
ユラ
ユラ
これからは
自信をもって…
お?
シュゥゥ…
メールが
書けます！
わーっ
八木さん！
みなさんも「感じよく
正確に伝わるメール」を
書いて、気持ちよく
仕事をしましょう！

巻末資料

ビジネスでよく使う表現

	尊敬の表現	謙譲の表現	丁寧語
会う	会われる、 お会いになる	お目にかかる、 お会いする	会います
あげる、 与える	おあげになる、 お与えになる	差し上げる	あげます、 与えます
言う	おっしゃる、言われる	申す、申し上げる	言います
行く	いらっしゃる、 おいでになる	伺う、参る、 参上する	行きます
いる	いらっしゃる、 おいでになる	おる	います
思う	お思いになる、 思し召す	存じる、 存じ上げる	思います
帰る	お帰りになる、帰られる	おいとまする	帰ります
借りる	お借りになる、 借りられる	お借りする、 拝借する	借ります
聞く	お聞きになる、 聞かれる	拝聴する、伺う、 お聞きする、承る	聞きます
気に入る	お気に召す	—	気に入ります
来る	いらっしゃる、 おいでになる、みえる、 お越しになる、来られる	参る	来ます
くれる	くださる	—	くれます

	尊敬の表現	謙譲の表現	丁寧語
知る、知っている	ご存じ、お知りになる	存じる、存じ上げる、承知する	知ります、知っています
する	なさる、される	いたす	します
座る	おかけになる、お座りになる、座られる	—	座ります
食べる	召し上がる、上がる、お食べになる	いただく、頂戴する	食べます
伝える	お伝えになる	お伝えする	伝えます、言い伝えます
話す	お話になる、話される	お話しする	話します
待つ	お待ちになる、待たれる	お待ちする	待ちます
見せる	お見せになる	ご覧に入れる、お目にかける、お見せする	見せます
見る	ご覧になる、見られる	拝見する	見ます
もらう	もらわれる、お受けになる、お受け取りになる	頂戴する、いただく、賜る	もらいます
読む	お読みになる、読まれる	拝読する お読みする	読みます
わかる	おわかりになる、ご理解いただく	かしこまる	わかります

フレーズ集①お礼する、感謝する

▶協力してもらったとき

お力添えをいただき、本当にありがとうございました。

例文 このたびはお力添えをいただき、本当にありがとうございました。本田さんのおかげで無事に完成することができました。

「力添え」はサポートや協力のことです。感謝の言葉をフォーマルにするなら「心より感謝申し上げます」「厚くお礼申し上げます」などの表現にするとよいでしょう。

▶お礼をすることが複数あるとき

重ねてお礼申し上げます。

例文 ご助言いただきましたうえに、紹介状まで書いていただき、重ねてお礼申し上げます。おかげさまで……

複数の事柄に感謝を表現したいときに使うフレーズです。１つ目を「ありがとうございます」に、２つ目を「重ねてお礼申し上げます」にすると表現が重ならずにすっきりします。

▶多少、カジュアルに伝えたいとき

感謝の気持ちでいっぱいです。

例文 プロジェクト進行中は数々のアドバイスをいただいて、感謝の気持ちでいっぱいです。

目上の人だけれど、日頃から親しくしている人にカジュアルにお礼を伝えるときのフレーズです。他に「大変感激しております」などのフレーズもあります。

▶久しぶりに連絡するとき

その節はありがとうございました。

例文 昨年のオータムキャンペーンでは大変お世話になりました。その節はありがとうございました。

過去、お世話になったお礼をする際に使います。お世話になった内容を具体的に表現することで、現在も感謝の気持ちを持ち続けていることが伝わります。

▶自分が受けた便宜や恩に対して、改まって伝えたいとき

痛み入ります。

例文 今回の件に関しましては特別なご配慮をいただき、ご厚情痛み入ります。

目上の人や立場が上の人から受けた便宜や恩に対して、へりくだりながら感謝を伝えるフレーズです。

フレーズ集②依頼する

▶相手にしてほしいことを柔らかく伝えたいとき①

～していただいてもよろしいでしょうか。

例文 お忙しいところ恐れ入りますが、来月上旬に来社していただいてもよろしいでしょうか。

相手への依頼は、疑問形にすると柔らかく伝わります。他に「～していただくことは可能でしょうか」「～をお願いしてもよろしいでしょうか」などがあります。

▶相手にしてほしいことを柔らかく伝えたいとき②

～していただければ幸いです。

例文 来月の会議で新商品の開発進捗状況について報告していただければ幸いです。

自分がしてほしいことをはっきりと伝えられるわかりやすいフレーズです。行動するかどうかを相手に委ねるニュアンスがあり、柔らかく感じられます。

▶相手にしてほしいことを柔らかく伝えたいとき③

～のほど、よろしくお願いします。

例文 デザイン案をお送りしましたので、ご確認のほど、よろしくお願いします。

日常の業務などで使いやすいフレーズです。「ご確認のほど」「ご手配のほど」など、してほしいことを遠回しに伝えられます。

▶事情があり、お願いごとを端的に伝えたいとき

～をお願いしたく、ご連絡した次第です。

例文 9月のご請求書について確認をお願いしたく、ご連絡した次第です。

用件を伝えるときに使うフレーズです。依頼内容がわかりやすく、また「何か事情がある」と感じさせるために、端的でも失礼な印象を与えません。

▶念のために依頼するとき

いま一度～をお願いしたく、

例文 昨年の取引件数について、いま一度確認をお願いしたく、メールをお送りしました。

重要なことなので再度確認したいときなどに使うフレーズです。何度も同じことを依頼するのは気が引けるときなど、「念押しです」というニュアンスを含めることで依頼を聞き入れてもらいやすくなります。

フレーズ集③断る

▶依頼を断ることを残念に思う気持ちがあるとき①

～が難しい状況です。

例文 あいにくですが9月までの予約が埋まっておりまして、ご希望の日時で承るのが難しい状況です。

「やむにやまれず断っている」というニュアンスがあるため、相手に残念な気持ちが伝わります。条件が変更されれば可能になる場合には、条件変更の相談や代替案などを提案するとよいでしょう。

▶依頼を断ることを残念に思う気持ちがあるとき②

承るのは難しいとの結論に達しました。

例文 これからではどうしても人員の確保ができず、承るのは難しいとの結論に達しました。

断るのは検討を重ねた結果であるというニュアンスがあるので、どうすれば依頼を引き受けられるか、仕事を成功させられるかなど、依頼を前向きに捉えていた姿勢を伝えることができます。

▶ていねいに、かつはっきりと断るとき

ご期待に沿えず申し訳ございません。

例文 せっかくお誘いいただきましたのに、ご期待に沿えず申し訳ございません。

謝罪の言葉を使うことで、ていねいですが、これ以上交渉する余地がないことが伝わります。「ご期待に沿えず申し訳ございませんが」と、クッション言葉として使うこともできます。

▶依頼をはっきりと断るとき

対応いたしかねます。

例文 大変申し訳ございませんが、保証期間を過ぎた商品の無料修理は対応いたしかねます。

比較的、強い断り表現には、他に「お引き受けいたしかねます」「お応えすることはできません」などがあります。

▶相手からの提案や営業を断るとき

見送ることになりました。

例文 先日ご提案いただきました資材の導入は、残念ながら見送ることになりました。

似た表現に「見合わせることになりました」などもあります。どちらも社内で会議にかけたり、検討をしたと暗に伝えられるので、無下に拒否していないニュアンスがあります。

フレーズ集④謝る、謝罪する

▶たいしたことではないが、軽く謝りたいとき

大変失礼いたしました。

例文 先ほどはお電話ですれ違ってしまい、大変失礼いたしました。

意味は謝罪ですが、挨拶フレーズとしても使われます。ちょっとしたミスや、少し待たせたときなど、あらたまるほどではないことに使います。

▶反省と謝罪の思いを伝えるとき

申し訳ない限りです。

例文 お約束の納品日を延期していただくことになり、申し訳ない限りです。

心の中に申し訳なさしかない、という意味です。もう少しカジュアルに表現できる場面なら、「申し訳なさでいっぱいです」などのフレーズもあります。

▶自分側に非があるとき①

心よりお詫び申し上げます。

例文 弊社サイトの問い合わせフォームに一時不具合が発生しましたこと、心よりお詫び申し上げます。

「深くお詫びいたします」などのフレーズもあります。自分に非があることを認め、ていねいに謝罪したいときに使います。

▶自分側に非があるとき②

お詫びの言葉もございません。

例文 ご指摘いただいた件の調査結果についてご報告が遅れましたこと、お詫びの言葉もございません。

お詫びの言葉が見つからないほど申し訳なく思っている、というニュアンスです。「弁明のしようもございません」「申し開きのできないことです」などの表現もあります。

▶謝りながらも、事情について理解を求めるとき

どうかご理解くださいますようお願い申し上げます。

例文 誠に心苦しいのですが、価格改訂についてどうかご理解くださいますようお願い申し上げます。

申し訳なさを伝えつつ、こちらの事情を理解してほしいときに使うフレーズです。他に「ご理解とご了承のほど、よろしくお願いいたします」などがあります。

一般社団法人
日本ビジネスメール協会

活動紹介　https://businessmail.or.jp/

● 協会について

一般社団法人日本ビジネスメール協会は、ビジネスメール教育に特化した専門の団体です。ビジネスメールの教育を通じて世の中のコミュニケーションを改善し、時間を創出することなどを目的として設立されました。メールでの業務推進における、さまざまな課題に取り組んでいます。

● 公開講座

当協会が独自に開発した専門プログラムを使った各種講座は1人から参加可能。目的や課題、業種に合わせて選択でき、組み合わせて受講すれば学びの相乗効果が期待できます。

● 集合研修

希望の日時や方法（対面・オンライン）で集合研修を実施。研修の目的や期待する効果に合わせてカスタマイズも可能です。基本から応用・実践まで、幅広いニーズに対応します。

● 検定試験

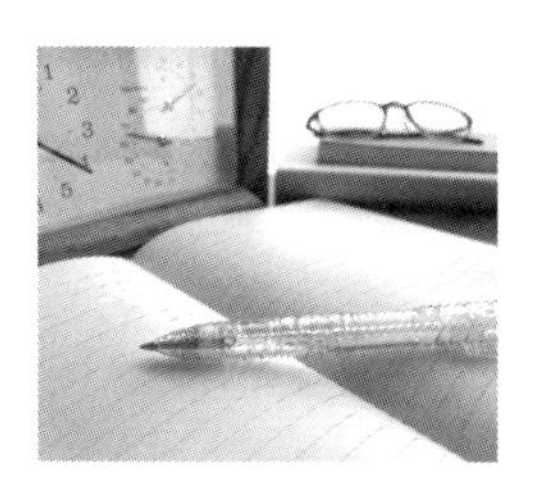

ビジネスメールコミュニケーションに特化した検定試験（3級・2級）です。ビジネスメールの知識や技能が身に付いているかを評価します。合格者には、合格証書を発行します。

● 認定講師養成講座

協会が認定するビジネスメールの講師になるための講座です。協会が開発したプログラム「ビジネスメールコミュニケーション講座」を講演できる講師を育成します。

● 実態調査

ビジネスメール実態調査は、仕事で使うメールの利用実態を明らかにすることを目的として、仕事でメールを使っている人を対象に、2007年から毎年行っている調査です。

運営サイト　ビジネスメールの教科書

マナーやルール、書き方・送り方から活用術までビジネスメールについて学べる情報を紹介しています。文例・テンプレートも豊富に掲載しているので、書き方に迷ったときにも役立ちます。
https://business-mail.jp/

平野友朗（ひらの ともあき）

一般社団法人日本ビジネスメール協会　代表理事
株式会社アイ・コミュニケーション　代表取締役
実践塾シェアクラブ　主宰

1974年、北海道生まれ。筑波大学人間学類で認知心理学を専攻。広告代理店勤務を経て、独立。2004年、アイ・コミュニケーションを設立。2013年、一般社団法人日本ビジネスメール協会を設立。ビジネスメール教育の専門家。メールのスキル向上指導、組織のメールのルール策定、メールコミュニケーションの効率化や時間短縮による業務改善など、支援実績は多岐に渡る。これまでに研修やコンサルティングを行った組織は、官公庁から民間企業、団体や学校に至るまで5000を超える。年間150回以上の研修やセミナーでの講演、1500回以上のメディア掲載、2003年から続くメルマガ「毎日0.1%の成長」を通じて、ビジネスメール教育の普及に力を注いでいる。著書は『ビジネスメールの書き方100の法則』（日本能率協会マネジメントセンター）、『仕事ができる人は実践している！ビジネスメール最速時短術』（日経BP）、『そのまま使える! ビジネスメール文例大全』（ナツメ社）など35冊。

一般社団法人日本ビジネスメール協会　https://businessmail.or.jp/
株式会社アイ・コミュニケーション　https://sc-p.jp/
ビジネスメールの教科書　https://business-mail.jp/

ビジネスパーソン10,000人の「失敗例」を分析したら、「感じよく正確に伝わるメール」の書き方がわかった！

2023年８月１日　第１刷発行

著者	平野友朗
発行人	土屋徹
編集人	滝口勝弘
編集担当	立石恵美子
編集協力	直井章子、アスラン編集スタジオ
カバーデザイン	西垂水敦、市川さつき（krran）
カバーイラスト	ツジキユウダイ
校正	遠藤理恵
発行所	株式会社Gakken 〒141-8416 東京都品川区西五反田2-11-8
印刷所	中央精版印刷株式会社

≪この本に関する各種お問い合わせ先≫
● 本の内容については、下記サイトのお問い合わせフォームよりお願いします。
https://www.corp-gakken.co.jp/contact/
● 在庫については ☎ 03-6431-1201（販売部）
● 不良品（落丁、乱丁）については ☎ 0570-000577
学研業務センター　〒354-0045　埼玉県入間郡三芳町上富279-1
● 上記以外のお問い合わせは ☎ 0570-056-710（学研グループ総合案内）